Heinrich Julius Oelke
Als Missionar in Ostafrika

COGNOSCERE HISTORIAS

Herausgegeben von Ulrich von der Heyden

BAND 22

Heinrich Julius Oelke

Als Missionar in Ostafrika

Erinnerungen aus den Jahren 1905 – 1959

Herausgegeben und eingeleitet
von
Ulrich van der Heyden

Edition Falkenberg

Umschlagabbildung: Privatarchiv Sebald

1. Auflage 2014

Bgm.-Spitta-Allee 31, 38329 Bremen

produktsicherheit@edition-falkenberg.de

ISBN 978-3-95494-050-9
www.edition-falkenberg.de

Inhalt

Einleitung

von Ulrich van der Heyden

Biografisches zu Heinrich Julius Oelke

Heinrich Julius Oelke, Missionssuperintendent i. R., war ein deutscher Missionar, der sein Leben lang für die innere sowie die äußere Mission in Ostafrika gearbeitet hat.

Geboren wurde er am 14. Oktober 1879. Mit zwanzig Jahren begann er zusammen mit seinem Bruder Alfred eine Ausbildung am Missionsseminar der Berliner Missionsgesellschaft. Über seine Ausbildung existieren in der entsprechenden Fachliteratur genauso wenige Informationen wie über die anderer, auch früherer im Missionsseminar ausgebildeter sogenannter Missionszöglinge. Bekannt ist, dass er im Frühjahr 1905 erfolgreich die Abschlussprüfungen bestand und somit die Voraussetzungen besaß, auf ein Missionsfeld ausgesandt zu werden.

Am 24. Mai 1905 wurde er im Berliner Dom, wie es damals hieß, abgeordnet. Er sollte in der deutschen Kolonie Ostafrika, die im Wesentlichen das Territorium der heutigen Republik Tansania ausmacht, eingesetzt werden. Dort hatte die Berliner Missionsgesellschaft etwa eineinhalb Jahrzehnte zuvor ihre Arbeit aufgenommen. Es lag also eine in vielerlei Hinsicht Pionierarbeit vor ihm, denn die Christianisierung der ostafrikanischen Bevölkerung stand erst am Anfang.

Nach einer Zugfahrt nach Hamburg bestieg Julius Oelke ein Schiff und fuhr in die deutsche Kolonie Ostafrika. Sein Ziel war die Missionsstation Kidugala. Hier bereitete er sich unter Anleitung erfahrener Missionare auf seinen Einsatz als Missionar vor. Das heißt, er konnte sich vor Ort mit den besonderen Gegebenheiten von Land und Leuten vertraut machen und die Sprache der Afrikaner erlernen. Auch praktische Fähigkeiten, die ein Missionar benötigt, musste er sich erst aneignen, wie beispielsweise das Anfertigen einer Mauer für den Kirchbau.

Eindrucksvoll, ohne zumeist in Detailfragen abzuschweifen, beschreibt er in seinen Lebenserinnerungen, die er am Ende seines schaffensreichen Daseins zu Papier gebracht hat, den Beginn seiner Missionstätigkeit, die zugleich ein Stück Aufbauarbeit der ostafrikanischen Missionsarbeit im heutigen Tansania ist.

Weil es sich um ein noch weitgehend unerschlossenes Terrain handelte, unternahm er ausgedehnte und zuweilen nicht ungefährliche Erkundungsreisen ins Landesinnere, über die er in seinem Manuskript berichtet. Es ist im Stil einer klassischen Reisebeschreibung geschrieben und liest sich spannend. Da er sich sehr für die Kultur und die Sprache seiner afrikanischen Gemeinde interessierte, konnte er schon nach einem halben Jahr seine erste Predigt in einer der in seiner Gegend geläufigen sogenannten Eingeborenensprachen halten.

Er sah schon bald, dass sich das Verhältnis zwischen indigener Bevölkerung und der deutschen Kolonialverwaltung zuspitzte. Er wurde Zeuge des Madji-Madji-Aufstands 1905/06 und dessen Niederschlagung.

Es wird derjenige Leser enttäuscht sein, der bei den relevanten Passagen auf eine umfassende Analyse dieser antikolonialen Aktion hofft. Die Ursachen und Ziele des Aufstands der ostafrikanischen Bevölkerung gegen die deutschen Kolonialherren konnten erst viel später von Historikern klar erkannt und analysiert werden. Diese Erkenntnisfähigkeit kann man einem Zeitzeugen nicht ohne weiteres zutrauen, denn Oelke war ein Kind seiner Zeit. Außerdem war er wie so viele »Auslandsdeutsche« vor dem Ersten Weltkrieg der Kolonialpropaganda verfallen, was anhand seiner Beschreibung des Schicksals des Wissmann-Denkmals zum Ausdruck kommt.

Er äußert in dem vorliegenden Text kein Wort der Kritik an dem deutschen Kolonialismus. Kritik übt er hingegen an britischen Kolonialbeamten, die nach dem Ersten Weltkrieg die Herrschaft über diese Kolonie von den Deutschen übernommen haben. Vor allem aber wohl deshalb, weil er davon direkt betroffen war.

Diese »nationalistische Gesinnung«, die aus seinen Zeilen hervortritt, hinderte den Verfasser jedoch nicht daran, mit Wissbegier und Erstaunen die kulturellen und religiösen Eigenheiten der ihm begegnenden Afrikaner aufzunehmen und dies in seinen schriftlichen Aufzeichnungen auch zum Ausdruck zu bringen. Er erlaubt somit den Lesern einen weitgehend unkonventionellen Blick in die, wie er schreibt, »heidnische Lebensart« der Afrikaner zu Beginn des 20. Jahrhunderts.

Im Jahr 1908 folgte ihm seine Braut aus Deutschland nach Afrika, die nun an seiner Seite blieb. Über seine Familie schreibt er nur die wichtigsten Ereignisse, wie die Geburt der Kinder und über gemeinsame Umzüge. Auch in dieser Beziehung unterscheidet er sich kaum von der Berichterstattung früherer deutscher Missionare.

Zwei Jahre nach Gründung seiner Familie hatte er den Auftrag erhalten, eine neue Missionsstation aufzubauen, die den Namen »Pommern« erhielt. Zunächst bestand die Aufgabe vornehmlich darin, die Station funktionsfähig zu machen, bevor sich der

Berichterstatter der eigentlichen missionarischen Arbeit in jener weiten, schwach bevölkerten Region widmen konnte. Hier kommen seine Verdienste als Pioniermissionar besonders zur Geltung.

Mitten in der Aufbauarbeit seiner Station und seiner Gemeinde überraschte ihn der Ausbruch des Ersten Weltkrieges. Bei der Beschreibung der Kriegsereignisse und wie diese in sein und seiner Familie Leben eingriffen, kann er sich einiger damals weit verbreiteter nationalistischer Meinungen über Ursache und Verlauf des Krieges nicht enthalten.

Die Familie Oelke wurde von den Briten in Daressalam interniert und nach zweieinhalbjähriger Gefangenschaft ausgewiesen. Mit ihren zwei Kindern kehrte das Ehepaar Oelke nach Deutschland zurück. Sie gingen nach Schlesien. Eine Rückkehr nach Ostafrika war zunächst nicht möglich; die britische Kolonialherrschaft ließ dies nicht zu.

Im Jahre 1921 wurde Missionar Oelke nach Düsselthal berufen, wo er bis 1932 die beiden Erziehungsheime für schulentlassene Jungen, das Handwerkerbildungsheim Reckestift und den Lindenhof mit Landwirtschaft und Gärtnerei, leitete. Außerdem versah er mit den anderen Geistlichen zusammen den Predigtdienst in den Düsselthaler Kirchen. Über diese Zeit schreibt er: »Da eine Rückkehr nach Ostafrika unmöglich war, übernahm ich gern diesen Dienst in der inneren Mission; die Arbeit an gefährdeter Jugend schien mir ein rechter Ersatz für das aufgegebene Missionswerk in Ostafrika zu sein. Ich ging in eine verantwortliche Aufgabe. Es galt, die verschiedenen Werkstätten zu gesunden Lehrlingsbetrieben zu entwickeln und eine sinnvolle Freizeitgestaltung aufzubauen durch Spiel, Sport, Musik, Wanderung und durch den Bau eines großen Badeteiches , der zu einer Quelle der Freude wurde. Ich legte großen Wert darauf, die Eltern unserer Jungen in den Erziehungsprozeß einzuschalten und suchte, mit ihnen in ein persönliches Verhältnis zu kommen. Mit Dankbarkeit gedenke ich der Hausväter, Meister und Erzieher, die alle erzieherischen Maßnahmen bewußt unterstützten. Unsere Konferenzen dauerten oft bis Mitternacht.«

Zum Ende des Jahres 1931 erreichte Oelke über die Berliner Missionsgesellschaft die Anfrage einer ostafrikanischen Gemeinde aus seinem alten Wirkungsgebiet, ob er nicht wieder zu ihr zurückkehren wolle. Er folgte diesem Wunsch.

In Ostafrika lebte er sich rasch wieder ein. Schon im Januar 1933 wählten ihn die dortigen Berliner Missionare zum Missionssuperintendenten. Oelke erlebte nach seinen eigenen Aussagen eine glückliche Zeit.

Als der Zweite Weltkrieg ausbrach, wurden alle Deutschen von den Engländern interniert und auf einem italienischen Dampfer nach Venedig und von da aus nach Deutschland transportiert. Hier arbeitete er wieder als Pfarrer im schlesischen

Peterwitz. Auf der Flucht vor der Roten Armee gelangten Julius Oelke und seine Frau nach Schopflohe, wo er noch im Dezember 1945 das Pfarramt übernahm, welches er bis 1950 innehatte. Sobald Oelke auf die nunmehr schon zweite nicht freiwillig unternommene Rückkehr nach Deutschland in seinen Lebenserinnerungen zu sprechen kommt, ist eine gewisse Enttäuschung über die Leitung der Berliner Missionsgesellschaft unübersehbar.

Nach seinem 70. Geburtstag geht Oelke nach Windsheim, wo er neben verschiedenen seelsorgerischen Tätigkeiten einige Artikel und Bücher schreibt. Die bekannteste seiner Publikationen heißt »Verborgene Gewalten«, welches 1957 in der Ostberliner Evangelischen Verlagsanstalt erschien.

Heinrich Julius Oelke verstarb am 4. Oktober 1961. Er hinterließ seinen Kindern und Enkelkindern ein autobiografisches Manuskript, welches er »Erinnerungen und Führungen« nannte. Bislang im Familienbesitz vorhanden, hat die Urenkeltochter von Helene und Julius Oelke, Frau Monika McNab, den Text transkribiert. In einer vorangestellten Bemerkung zur Transkription schrieb sie zu Recht: Die Ausführungen »erzählen von einer unendlichen Liebe für Afrika und seinen Menschen, von menschlichen Tiefen und Nöten, die aber immer durch den Glauben überwunden werden.«

Diese Lebenserinnerungen liegen nunmehr in gedruckter Fassung vor. Für die Herausgabe des Textes in der Reihe COGNOSCERE HISTORIAS wurde darauf verzichtet, die vorkommenden geografischen, ethnischen und Personennamen zu erläutern. Denn es handelt sich nicht um eine wissenschaftliche, quellenkritische Edition. Vielmehr soll der Text über das Leben eines interessanten Menschen informieren, vor allem über die Missionsarbeit in einem Gebiet und zu einer Zeit, die in der Missionshistoriografie als noch nicht allzu intensiv erforscht gilt. Derjenige Leser, der sich stärker mit den im Text genannten Personen, Orten, den kulturellen und ethnischen Bezeichnungen vertraut machen will, vermag dies sicherlich ohne großen Rechercheaufwand zu tun.

Nur wenige Korrekturen wurden in Orthografie und Grammatik vorgenommen, um so die Lesefähigkeit zu verbessern.

Auf Wunsch der Familie sind lediglich die Ausführungen über den Treck vom Osten Deutschlands in Richtung Westen ausgelassen worden. Die ist für die Bedeutung des Buches als Quelle für die Missionsgeschichte auch irrelevant. Es wurde jedoch Wert darauf gelegt, den Stil des Verfassers nicht zu verändern. Ein wichtiger Punkt zur Aufrechterhaltung der Authentizität der Lebenserinnerungen von Missionssuperintendent Oelke ist die Beibehaltung der alten deutschen Schreibweise.

Lebenserinnerungen des Missionssuperintendenten Oelke

Abschied, Reise und Ankunft

Nachdem ich am 1. Oktober 1899 mit dem Besuch des Missionsseminars beginnen durfte, war meine Ausbildung im Frühjahr 1905 zu Ende gegangen. Ich wurde für das Missionsgebiet Deutsch-Ostafrika bestimmt und am 24. Mai1905 im Berliner Dom abgeordnet. Es war eine größere Gruppe, ein Missionsehepaar mit zwei Kindern, ein Lehrerehepaar, drei junge Missionare, eine Braut, drei Handwerker, die im Nyassa-Gebiet zum Einsatz kommen sollten. Mir war die Abschiedspredigt übertragen worden, die ich über Psalm 27.1 hielt. Schon am 26. Mai wurde in dem ehrbaren Betsaal des Missionshauses das traditionelle Abschiedslied »Ich heb' mein Augen sehnlich auf ...« angestimmt, das schon vorher bei den Abordnungen von Missionaren gesungen wurde. Es war ein erhebender Augenblick, als beim Verlassen des Missionshauses im Treppenflur in Posaunentönen »Jerusalem, du hochgebaute Stadt« erklang. Die Pferdedroschken standen schon bereit, die die Reisenden zum Lehrter Bahnhof bringen sollten, dort hatten sich zum Abschied die Lehrerschaft und die abkömmlichen Glieder des Missionshauses versammelt zu einem letzten Lebewohl. Noch einmal schüttelte man sich die Hände, dann wurden die reservierten Abteile besetzt. Kurz, ehe der Zug sich in Bewegung setzte, erklang von der Missionshausgemeinde gesungen, das Lied »Zieht in Frieden eure Pfade ...«. Inzwischen wurde der Befehl zur Abfahrt gegeben. Die letzten Töne des Liedes verhallten, als der Zug schon die Halle verlassen hatte. Der Abschied von der Heimat und der Missionshausgemeinschaft, und nicht zuletzt von meiner Braut, lag hinter uns. Während mich der Zug in eiligem Tempo fortführte, blieben meine Gedanken noch lange zurück und an der Vergangenheit hängen. Es war nicht leicht, sich von ihr zu lösen, denn über das Neue, das vor mir lag, wusste ich noch zu wenig, um mich daran klammern zu können. Die Zukunft war verhangen und stumm. Im Augenblick war das, was die kommenden Zeiten mir bringen werden, dazu in einer unbekannten Welt, noch fragwürdig. Was lag da näher, als sich mit der

Vergangenheit zu beschäftigen. Sie hatte mir Gutes und Schönes geboten. Dann wurde ich ruhiger. War ich nicht einem Ruf gefolgt? Blieb auch die Zukunft stumm, über derselben stand doch mit leuchtenden Lettern »Der Herr ist mein Licht und mein Heil, vor wem sollte ich mich fürchten? Der Herr ist meines Lebens Kraft, vor wem sollte mir grauen?« Unter solchen Gedanken eilte der Zug dahin, der Hafenstadt Hamburg entgegen.

In Hamburg war von fürsorglicher Hand alles gut vorbereitet worden. Im Seemannsheim fanden wir liebe Aufnahme. Schon am nächsten Tag wurden wir auf der »Bürgermeister«, einem Schiff, der Deutsch-Ostafrika Linie, eingeschifft. Wie schmuck und schön war alles auf dem Ozeandampfer. Unsere Kabine mit drei Betten war sauber und praktisch eingerichtet. Wohl war alles eng und die Wege im Schiff schmal, aber für alle Bedürfnisse und Bequemlichkeiten war gesorgt.

Bald nach unserer Einschiffung mahnte die Schiffsglocke die Nichtreisenden zum Verlassen des Schiffes, die Landungsbrücke wurde hochgezogen. Seemannshände lockerten die schweren Seile, mit denen das Schiff am Pier gehalten wurde.

Ein Lotsendampfer war schon bereit, den Dampfer auf den rechten Weg zu bringen, währenddem die Bordkapelle das Lied »Muß ich denn, muß ich denn zum Städtele hinaus« blies. Unter Tücherwinken von hüben und drüben kam das Schiff schnell in Fahrt. Bald konnten Reisende und Zurückbleibende sich nicht mehr erkennen. Jetzt war der Abschied von der Heimat vollständig. Die Fahrt ging westwärts in Richtung Ärmel Kanal. In Antwerpen gab es noch einmal kurze Rast, jetzt ging es der Biskaya entgegen. Mit nicht geringer Spannung, ja Neugierde, sah man den kommenden Stunden entgegen, mancher mit dem stolzen Gefühl, trotz Sturm und Wellen seine Seetüchtigkeit unter Beweis zu stellen: »Seekrank zu werden, kann mir nicht passieren«. Mancher Mann, der sich vorher seiner Seetüchtigkeit rühmte und noch prahlte, während er schon eine weiße Nase bekam, hatte es schließlich sehr eilig, mit bleichem Gesicht an die Reling zu stürzen.

An der portugiesisch-spanischen Küste entlang ging die Fahrt südwärts. Mit Freude erlebten alle die herrlich aufgebaute Hafenstadt Lissabon am Tajo. Eine kurze Frist zu einem Spaziergang an Land wurde gern genutzt. Etliche freuten sich, daß es nicht nur schwankende Schiffsplanken, sondern auch festen Boden unter den Füßen gab. Nur zu schnell war die zum Ausflug gestattete Zeit verstrichen. Mit dem Verlassen Lissabons machten wir uns klar, daß wir damit den letzten Rest europäischen Bodens verlassen hatten. Das Schiff nahm jetzt Richtung auf Tanger in Nordafrika. Auf hoher See ankerte die »Bürgermeister«. Einige Passagiere scheuten es nicht, sich in schwankenden kleinen Booten ans Land tragen zu lassen. Diese nordafrikanische Stadt Tanger interessierte mich nicht sonderlich, denn meine Sinne waren auf Ostafrika gerichtet.

Jedoch war es gefühlsmäßig von Wichtigkeit, diese von Sonne durchglühte Stadt wenigstens gesehen zu haben. Sie zeigte aber keine Reize, sich mit ihr näher bekannt zu machen. Die Fahrt ging weiter in Richtung Seenge von Gibraltar, in der es möglich war, sowohl nach Europa als auch nach Afrika hinüberzugrüßen. Sehr schön und ruhig war die Fahrt durchs Mittelmeer. Wohl konnte man eine Reihe von Tagen weder den einen noch den anderen Erdteil sehen, aber umso mehr konnte man sich den Erinnerungen alter geschichtlicher Begebenheiten hingeben und diese einer neueren Zeit hinzufügen. In Gedanken repetierte mancher die alten Begebenheiten und Völkerschicksale. Die alten Kämpfe zwischen Rom und Karthago wurden lebendig. Dabei erinnerte sich wohl mancher der drei Punischen Kriege, und daß im dritten Kampf (146 v. Chr.) Karthago bis auf die Grundmauern zerstört wurde. Der Wüstensand mühte sich, über alle einstige Herrlichkeit seine Decke zu legen und menschliches Tun auszulöschen. Noch mehr beschäftigten mich im östlichen Mittelmeer die Reisen des Apostels Paulus, der es zum mindesten viermal als freier Mann auf seinen Missionsreisen und dann als Gefangener nach Rom durchfuhr. Die Evangeliumsbotschaft, die den Apostel nach Europa geführt hatte, waren wir bereit, nach Afrika zu tragen. Der östliche Teil des Mittelmeeres war besonders geeignet, über das Geschehen in der ersten Christenheit zu reflektieren.

Allmählich näherte sich das Schiff dem Suezkanal, der zu passieren war, um nach einer Fahrt durch das Rote Meer in den Indischen Ozean zu kommen und auf diesem Wege nach Ostafrika zu gelangen.

Am Anfang dieser 163 km langen künstlichen Wasserstraße steht das Denkmal des Erbauers Ferdinand Marie Vicomte de Lesseps. Es war eine große Tat, die er vollbrachte, weil diese Route den Reiseweg nach dem Fernen Osten um ein Bedeutendes verkürzte; es war nicht mehr nötig, um nach Ostasien zu gelangen, den ganzen schwarzen Erdteil zu umfahren. Jeder Ozeanfahrer freut sich dieser Annehmlichkeit und vergiesst dabei, daß diese künstliche Wasserstraße zwei Erdteile scheidet, aber auch verbindet, unzähligen Menschen, die diese Wasserstraße bauen halfen, im glühend heißen Wüstenland das Leben kostete. Am Eingang liegt auf der afrikanischen Seite die Hafenstadt Port Said; sie ist besiedelt von Menschen aus aller Welt. Die Scharen von Menschen, die hier in allen Farben, von allen Enden der Erde zusammengeströmt sind, umlagern das Schiff an der Anlegestelle. Sie scheinen es den Passagieren anzusehen, welche Sprache sie sprechen. Sie reden und wecken dadurch bei den Reisenden das Vertrauen, sich zu einem Kauf der angebotenen Gegenstände einzulassen. Die Preise sind sehr hoch geschraubt, sie schrumpfen aber beim Feilschen mächtig zusammen. Mancher ist stolz auf seinen guten Einkauf, muss aber schnell erkennen, trotzdem übers Ohr gehauen worden zu sein. Während das Schiff entladet, ist in Port Said immer

Gelegenheit zu einem Ausflug nach Kairo und weiter zu einem Ritt auf Kamelen zu den Pyramiden und altägyptischen Königsgräbern. Es ist schön, sich in die alte Zeit zurückzuversetzen und der Sphinx auf der Westseite des Nils einen Besuch in Gizeh abzustatten. Was dort in alter Zeit geschah, ist der Ausdruck einer verborgenen Sehnsucht, ewig zu leben. Das ist wohl der tiefste Sinn jener wunderbaren Bauwerke, jedoch eine vergebliche Hoffnung, die man nur in dem Herrn Christus erleben kann. Zu den Besuchern jener Stätten gehörte ich nicht. Solche Exkurse waren in dem Taschengeld, über das ich verfügte, nicht berücksichtigt. Ich begnügte mich damit, an der Reling zu stehen im Gedankenaustausch mit anderen.

Zur bestimmten Stunde mußten die Ausflügler wieder auf dem Schiff erscheinen, denn pünktlich geht die Fahrt weiter. Nur langsam bewegt sich das Schiff durch die schmale Kanalrinne, denn Uferbeschädigungen müssen vermieden werden. Die Ostseite des Kanals ist Wüstenland, aber die Westseite bietet dem Auge manche Abwechslung. Durch herangeleitetes Süßwasser konnten allerlei schöne Gärten und Anlagen entstehen, in deren Mitte schöne Häuser liegen, ein lieblicher Anblick. Auf der Ostseite sah man Kamele, die in schaukelndem Gang schwere Lasten trugen. Nach stundenlanger, langsamer Fahrt werden die Bitterseen erreicht, hinter denen die Wasserstraße durch die Wüste weiter geht, bis endlich in der Ferne Suez ins Blickfeld tritt und das Ende der Kanalfahrt ankündigt. Hier in Suez werden die letzten Passagiere aufgenommen, die es vorgezogen hatten, eine Bahnfahrt durch das westliche Kanalgebiet, von Kairo nach Suez zu machen.Nun ging es ins Rote Meer hinein. Schon bei den Bitterseen beschäftigte uns der Gedanke: Wo mögen wohl die Kinder Israel nach der Flucht aus Ägypten an das andere Ufer gekommen sein? Jedenfalls hatten wir den Eindruck, auf sehr historischem Boden zu stehen oder zu fahren. Die Erinnerungen an jene weite Vergangenheit beschäftigten uns sehr. Als wir bei Suez ankerten, fern von der Stadt, und ins klare Meer schauten, waren wir überrascht, wie tief man hineinschauen konnte. Wir hatten Glück, Haifische zu sehen, die das Schiff umkreisten; vielleicht warteten sie auf den Augenblick, wo mancherlei Abfälle aus dem Schiff herausgeworfen wurden, um sich daran gütlich zu tun. Sogar der kleine Pilotenfisch war zu erkennen, der dicht vor dem Maul des Raubfisches schwamm, als wäre er mit ihm verwachsen. Wahrscheinlich hat der kleine Pilotenfisch die Aufgabe, seinen großen Herrn an die Beute heranzuführen und ihm dienstbar zu sein. Das Rote Meer war eher hellgrün, jedenfalls hatte es keine rote Farbe. Erfahrene Leute bekundeten, daß zu gewißen Zeiten ein rötlicher Schimmer auf dem Wasser liegt, dieser komme aber von blühenden Algen, die im Wasser treiben.

Die Fahrt durch das Rote Meer sollte sechs Tage dauern. Es hieß, daß es zu den heißesten Punkten der Erde gehöre. Was man uns sagte, sollten wir in Wahrheit bald selbst erfahren. Es wurde bald so heiß, daß es unmöglich war, nachts in der Kabine zu schlafen. Viele entschlossen sich, Tag und Nacht auf Deck zu bleiben und schwitzend in Liegestühlen zu nächtigen. Am Tag war man oft auf der Suche, am Deck ein zugiges Eckchen zu ergattern. Alle Passagiere fühlten sich ermattet, sogar die Bordspiele reizten nicht. Etliche flüchteten unter die Brausen, aber ihnen entströmte nur warmes Seewasser, das keine Abkühlung brachte und nicht erquickte. Bei allen wurde der Wunsch rege, aus diesem übermäßig geheizten Erdkessel herauszukommen, aber sechs Tage mußten ertragen werden. Zum Glück bot nach den ersten heißen Tagen ein kurzer Aufenthalt in Port Sudan etwas Abwechslung.

Port Sudan ist ein Hafen an der Westküste des Rotes Meeres, ein sehr wichtiger Platz für die Mekkapilger, weil hier die Gläubigen aus dem Sudan die arabischen Fahrzeuge besteigen, sich nach Dschidda übersetzen lassen, von wo aus die Reise nach Mekka erfolgen kann, um der Glaubenspflicht zu genügen. Port Sudan bot einer Gruppe von Reisenden eine besondere Überraschung. Es war Gelegenheit, mit kleinen Booten, die einen durchsichtigen Glasboden hatten, am Rande des Meeres entlang zu fahren. Durch den Glasboden waren die Korallenriffe im Wasser gut zu erkennen. Schon das war ein Erlebnis. Noch herrlicher war es aber, die Unzahl von kleinen bunten Fischen, in wunderbarer Färbung zu beobachten. Immer neue Herrlichkeiten offenbarte uns der Meeresboden, an denen man sich nicht satt sehen konnte. Alle erklärten, daß dieses Erlebnis von Port Sudan ihnen unvergesslich bleiben wird. Nach diesem lieblichen Exkurs im Roten Meer kehrten die Ausflügler bereichert an Bord zurück, um noch einige Tage zu schwitzen. Endlich war in Bab el Mandeb die heiße Fahrt durch das Rote Meer zu Ende. Bab el Mandeb heißt »Tor der Tränen«; wenn wir hätten weinen sollen, bei uns wären es Freudentränen gewesen, aus Dank und Freude, diese Strecke durch das Rote Meer überwunden zu haben. Vor uns lag der militärische, stark ausgebaute englische Stützpunkt Aden.

Kaum hatten wir diese Stelle passiert, blies uns ein angenehmer kühler Wind aus dem Indischen Ozean erfrischend entgegen. Ein sehr bewegtes Meer kündete aber auch an, daß Stürme zu erwarten waren. Bei unruhiger See ging es nun tagelang nach Süden. Das hinderte aber die Schiffsleitung nicht, das Überfahren des Äquators zu einem lustigen Fest zu gestalten. Neptun entstieg dem Wasser und nahm die Taufe vor, die vorwiegend an Neulingen vollzogen wurde. Es gab viel Spaß und Übermut bis in die Nacht hinein. Unter den Klängen der Schiffskapelle wurde getanzt. Herrliche Leckerbissen waren in den Speisesälen aufgebaut. Jeder, der Lust verspürte, konnte sich von diesen feinen Gaben nach Herzenslust holen, ohne dafür zu bezahlen. Die Ostafrika-Linie hat es wirklich verstanden, ihren Passagieren Schönes zu bieten.

Die Fahrt an der Ostküste Afrikas entlang war nicht sehr abwechslungsreich. Das Festland war nur hin und wieder und auch dann nur andeutungsweise zu sehen. Sehr lehrreich wäre es auch gewesen, die Somali-Küste zu betreten, aber der Hafen war noch nicht hergerichtet, er sollte später der Ausfuhr von Bananen dienen; wir fuhren auf hoher See an Mogadischu vorbei. Die Eintönigkeit der Fahrt färbte auch auf die Reisenden ab. Gelangweilt gaben sie sich den üblichen Spielen an Bord hin, während andere, an der Reling stehend, dem Spiel der Wellen zuschauten und den fliegenden Fischen nachblickten. Kenner meinten, diese seien gewissermaßen auf der Flucht vor Räubern, denen sie durch den Flug aus dem Wasser entgehen. Sie flogen auf, doch die Flügel verlängerte Flossen trugen sie nicht weit; nach mehreren hundert Metern fielen sie wieder ins Wasser zurück, oder klatschten das Ziel verfehlend auf Deck nieder. Neugierige Augen betrachteten sie und meinten witzig: Bei ihrer Schöpfung hätte die Zeit nicht ausgereicht, sie mit anständigen Flügeln zu versehen; es sei Hochmut von ihnen, sich wie ein Vogel gebärden zu wollen. Darauf landeten die Fische nach ihrer Verirrung wieder in ihrem Element, wohin sie gehörten. Bald wurde die Hafenstadt von Kenia, Mombasa, angelaufen. Wer von den Passagieren nicht nach dem Viktoria-Seegebiet musste und das Schiff zu verlassen genötigt war, entsagte einem Besuch an Land. Sie hofften in Sansibar besser entschädigt zu werden.

Endlich kam Sansibar in Sicht, das bei vielen schon Heimatgefühle weckte. Ein eigentlicher Hafen fehlte, auf hoher See ankerte das Schiff. Für Besuchslustige waren Boote der Insel gern bereit, sie an Land zu bringen. Beim Betreten der Insel hatte man das Gefühl, in einen Gewürzladen zu kommen. Besonders war der Duft von Vanille, der einem lieblich entgegenschlug; gebündelt wurde dieses stark duftende Gewürz zum Kauf für ein ganz geringes Geld angeboten. Besondere Reize konnte die Insel nicht aufweisen. Nach nicht langem Aufenthalt vor Sansibar wurde in wenigen Stunden die Hafenstadt Tanga erreicht. Es war geradezu rührend, wie die schwarzen Menschen ihre Anhänglichkeit bekundeten. Die Leute in den kleinen Booten taten sehr vertraut und nötigten zu einem Besuch ihres Wohnortes. Für wenig Geld konnte man die Stadt besuchen und dann wieder zurückgebracht werden. Wir saßen bald in einem Boot, das uns in die Nähe der Betheler Mission bringen sollte. Unter dem Eindruck kräftiger missionarischer Bemühungen fühlte ich mich von der Arbeit sehr angesprochen. Freude beseelte mich, selbst bald in ähnlicher Arbeit zu stehen. Mit frohen Gedanken und festen Entschlüssen bereichert, kehrten wir auf die »Bürgermeister« zurück. Der nächste Hafen sollte Daressalam sein. Hier wurde vor einer Reihe von Jahren die Missionsarbeit, die die Betheler Mission begonnen hatte, von der Berliner Missionsgesellschaft übernommen, um sie weiterzuführen.

Daressalam hat einen herrlichen Hafen, es ist aber schwer, in ihn hineinzukommen. Vor dem Hafen liegen unter der Oberfläche des Meeres riesige Korallenriffe, die nur eine schmale Rinne freilassen, durch die der große Ozeandampfer gesteuert werden musste. Wenn schon in jedem Hafen die Lotsen eine Aufgabe haben, das Schiff richtig zu steuern, hier in Daressalam ist die Aufgabe besonders groß, in der Fahrrinne hin und her zu kreuzen und sie richtig zu benutzen. Das Lotsenboot war bald in Sicht und übernahm die Führung, den Dampfer durch das Gewirr der unter dem Wasser liegenden Riffe glücklich durch die enge Hafeneinfahrt in den großen Hafen zu bringen. Daressalam heißt »Tor des Friedens«. In alten Zeiten, wo räuberische Überfälle an der Tagesordnung waren, konnte man in dem Ort hinter den Korallenfelsen im Meer einigermaßen friedlich leben. Unmittelbar, rechts an der schmalen Hafeneinfahrt, befindet sich das Immanuelskap. In einem festungsähnlichen Haus, das in seiner Bauart an räuberische alte Zeiten erinnert, schaltet und waltet die Berliner Mission Dieser mit Kokospalmen reich besetzte Platz ist der schönste Ort in ganz Daressalam, aber auch das auf der anderen Seite der Hafeneinfahrt liegende Land ist Missionsbesitz. Dieses Stück wird wie eine Plantage verwaltet, es bedarf besonderer Pflege und Aufsicht. Als man spürte, daß die Hoffnungen, die auf die Missionsarbeit gesetzt waren, sich nicht in vollem Maße erfüllten, lag es nahe, den zur Mission gehörenden Kokospalmen besondere Aufmerksamkeit zu widmen.

Daressalam ist harter Missionsboden. Mir wurde klar, weshalb die Betheler Mission dieses Gebiet an die Berliner Mission nur zu gern abtrat, es verlangte sie nach Gebieten, in denen sie ungehindert durch islamische Gegenströmungen, Mission treiben konnte. So stark mich auch das missionarische Bemühen in Tanga beeindruckte, in Daressalam, dazu in einem ungesunden Fiebergebiet, wäre ich nicht gern bereit gewesen, Missionsdienst zu tun. Ich bewunderte hier nur die Treue, mit der der Missionsdienst auf so hartem Boden getan wurde und nur geringe Früchte gebracht hatte.

Von Daressalam sagte man, sie sei die Perle an der ganzen Ostküste Afrikas. Der deutsche Charakter, in dem sie errichtet wurde, ist unverkennbar. Anheimelnd wirken die sauber gebauten Häuser mit ihren roten Dächern. Sie liegen an breiten, mit herrlichen reichblühenden Bäumen bepflanzten Straßen, die sauber gehalten werden. Der schöne Hafen ist an der einen Seite besiedelt. Es gibt ein Regierungsviertel, Kasinos und Geschäftshäuser, in denen aller Bedarf gedeckt werden kann.

Sehr malerisch wirken, in schöner Lage, die evangelische und katholische Kirche. Reizvoll ist die gute Straße, die am Meer entlang führt und von den wenigen Autos, die vorhanden sind, gern benutzt wird. Die Deutschen haben wirklich eine herrliche Stadt am Meer aufgebaut.

Es wäre vorteilhaft gewesen, von Daressalam unserem Bestimmungsland in südwestlicher Richtung zuzustreben. Ein solcher Plan konnte aber von der Regierung nicht befürwortet werden. Auf dem Weg lag auch das Hehe-Land, das vor einem Jahrzehnt mehrere Jahre Aufstandsgebiet war. Erst seit etwa sieben Jahren war eine Beruhigung eingetreten. Die Zeit war aber noch zu kurz seit jenen gefährlichen Jahren, zivile Reisende ungeschützt durchs Land ziehen zu lassen, obwohl Regierungskarawanen dauernd das Land bereisten. Den Verhältnissen gehorchend, mußten wir noch einmal das Schiff besteigen, weiter nach Süden fahren, um über den Sambesi von Süden her ins deutsche Kolonialland zu kommen.

Als wir den Hafenzugang passierten, sahen wir unsere Freunde am Ufer und wechselten mit ihnen Grüße. Vorsichtig schob sich die »Bürgermeister« durch die Fahrrinne in den Ozean hinaus, bald war Daressalam unseren Augen entschwunden. Wie schon vorher, so brachte auch dieser Teil der Fahrt wenig Veränderung. Das ostafrikanische Festland wurde kaum gesehen, auch das portugiesische Ostafrika zeigte uns nur einige Reize, als wir in Mosambik anlegten. Es ist ein Platz, der sehr an die Zeit arabischer Herrschaft erinnert. Alte Befestigungen deuten an, daß in der Vergangenheit mächtige Kämpfe getobt haben mußten. Nachdem im Mittelalter der portugiesische Einfluss bis zum Somali-Land reichte, machten die Araber Anstrengungen, die Küste bis weit nach Süden in ihre Gewalt zu bringen. Aus jener Zeit stammen die arabischen Befestigungen. Die Namen Mosambik, Kilwa, Bagamojo, Mombasa und andere Küstenorte erinnern an jene Zeit. Die Portugiesen konnten das jetzige Portugiesisch-Ostafrika wieder gewinnen. Deutsch-Ostafrika wurde erst nach harten Kämpfen mit den Arabern, durch die deutsche Kolonisation frei.[1] Die Portugiesen scheinen es verstanden zu haben, sich in dieser Kolonie heimisch zu machen.

Mosambik[2] ist mit Daressalam, woher wir gerade kamen, nicht zu vergleichen. Es hat sich aber gelohnt, diesen Platz alter Erinnerungen zu sehen. Es war gut dieser Stadt einen Besuch abgestattet zu haben, weil Chinde das Ziel unserer Seefahrt war. Er ist ein portugiesischer Hafenplatz.

Am 6. Juli 1905 hatten wir endlich die lange Seereise beendet. Wir waren sehr froh, die Schiffsplanken verlassen zu können. Chinde liegt an der Mündung des Sambesi, einem sehr breiten Fluß. Ein eigentlicher Hafen besteht nicht, er wirkt wie ein armseliges Fischerdorf. Eine große Barre, Sand- und Schlammbank, die der Ausfluß des Sambesi immer wieder erneut bildet, gestattet es großen Schiffen nicht, in den Fluß

1 Gemeint ist hier die Errichtung der deutschen Kolonialherrschaft über Ostafrika.
2 Gemeint ist Lourenço Marques, das spätere Maputo, die Hauptstadt Mosambiks.

einzulaufen. Das Entfrachten des Dampfers muß also außerhalb der Barre auf dem Meer erfolgen. Kleine Küstenboote mit geringem Tiefgang sind die Helfer, Menschen und Transportgüter ans Land zu befördern. Die »Bürgermeister« hatte ihre Ankunft signalisiert. Es verging auch nicht lange Zeit, bis der Küstendampfer »Kadett« heranbrauste, um uns und unsere Sachen in Empfang zu nehmen. Bei der großen Dünung, die den kleinen Dampfer hob und senkte, hätte wohl keiner auf einer Strickleiter zum »Kadett« herabsteigen können. Auch dafür war aber gut gesorgt. Ein übermannshoher Korb mit einer Tür davor konnte vier Personen fassen. So landeten alle unsere Reisenden glücklich und vergnügt auf dem kleinen Verkehrsmittel, dazu alle unsere Lasten. Die »Bürgermeister« gab den kleinen Dampfer frei. Er überwand spielend die Barre, wenn auch die Gischt aufspritzte, er setzte uns auf festem afrikanischen Boden ab, während wir unserer »Bürgermeister«, die uns 40 Tage lang betreut hatte, Grüße nachsandten.

Hier in Chinde war alles mehr als einfach. Mit unserer Landung waren wir in die Fürsorge der African Lakes Corporation, einer Handelsorganisation, gekommen. Sie hatte es übernommen, uns den Sambesi aufwärts zu fahren und bis zum Nordende des Nyassa-Sees zu bringen. Uns war es sehr recht, schon am nächsten Tag den Flußdampfer besteigen zu können. Er war ein breites Flachboot, auf dem sich in einem Aufbau eine Anzahl Kabinen und noch andere Räume befanden. Um den Aufbau herum führte ein schmaler Weg mit einer Reling, der ein begrenztes Wandern ermöglichte. Der Flußdampfer wurde mit Holz geheizt, das an bestimmten Plätzen am Fluß neu ergänzt werden konnte. Den Antrieb brachten zwei Schaufelräder zu beiden Seiten des Bootes. Wenn auch der Sambesi-Strom sehr breit und wohl auch stellenweise sehr tief ist, so gibt es auch Sandbänke, über die das Boot sicher nicht gekommen wäre, hätte es nicht einen flachen Boden gehabt. Auf der Fahrt blieb manchmal der Flußdampfer auf dem Sand hängen; in solcher Situation sprangen die Bedienungsmannschaften über Bord, bis es ihnen gelungen war, das Boot wieder in tiefes Wasser zu bringen. Es war schön, daß wir das Boot nicht mit anderen Reisenden zu teilen hatten, so bildeten wir eine große Familie, wir konnten uns, wie es uns gefiel, beschäftigen. Schon vor unserer Abreise aus Deutschland hatten wir im Orientalischen Seminar Gelegenheit, uns mit den Grundlagen afrikanischer Linguistik bekannt zu machen. Mit den später zu redenden Sprachen selbst konnten wir uns nicht beschäftigen, weil wir bestimmt waren, in drei verschiedenen Sprachgebieten zu wirken. Die Sprachen, die wir einmal sprechen würden, konnten nur an Ort und Stelle gelernt werden. Neben dieser sprachwissenschaftlichen Arbeit blieb aber noch Zeit genug, sich mit der anderen Welt, in der wir uns auf dem Sambesi befanden, zu befassen. Es waren doch so ganz andere Verhältnisse, die uns umgaben.

Der Sambesi war belebt von Nilpferden. Sie äugten aus dem Wasser neugierig zu uns herüber: Was da drüben los sei? Erst allmählich stellten wir fest, daß ehe ihre Köpfe sichtbar wurden, sich zuerst vier Punkte auf dem Wasser zeigten, die spitzen Ohren und die gewulsteten Jochbögen bis dann die Köpfe auftauchten. Bisweilen wurden Nilpferde in beträchtlicher Anzahl gezählt, oft ganz nahe an unserem Hausboot. Krokodile waren auch reichlich vorhanden, sie konnten aber nur hin und wieder an freien und sonnigen Plätzen festgestellt werden. Sehr schnell aber entzogen sie sich näherer Betrachtung und schoben sich ins Wasser hinein. Die wasserholenden Frauen fürchten sie. Es war ihnen zu gefährlich, ins Wasser hineinzusteigen und zu schöpfen. Es war ein guter Selbstschutz, von erhöhten Stellen die Schöpfgefäße wie an einer Angel ins Wasser zu werfen und sie gefüllt heraufzuziehen.

Da die Ufer des Flusses im Tiefland bewaldet sind, fehlt der Blick ins Land hinein. Der Horizont war dadurch sehr beengt; lediglich auf das, was die Flußszenerie uns bot, waren wir angewiesen. In den Sträuchern wimmelte es von Vögeln verschiedenster Art, die als Exoten in zoologischen Gärten, in Vogelhäusern anzutreffen sind. Sehr interessant waren uns die Webervögel, deren Nester an langen, von den Vögeln gesponnenen Stricken von den Baumästen herunterhingen. Die Nester waren kunstvoll gewebt, interessant wegen der Webekunst und der Bauart. Nach unten waren die Nester offen, von unten mußten die Vögel hineinschlüpfen und hatten innen allen Vogelkomfort. Jedenfalls war es zu erkennen, wie die Vögel es verstehen, sich vor feindlichen Überfällen zu schützen.

War die Fahrt auf dem Wasser des Sambesi auch sonst recht eintönig, so gab es doch für den Interessierten allerlei zu sehen, was zur Freude gereichte. Nach einer Reihe von Tagen hatten wir den Nebenfluß des Sambesi erreicht. Es war der Schire-Fluß, der seinen Ursprung im Nyassa-See hat. In diesen fuhren wir ein, wir waren also schon ein gutes Stück unserem Ziel nähergekommen. Nur wenige Tage dauerte die Fahrt auf dem Schire, denn eine Barriere stellte sich uns entgegen. Ein Gebirge des Nyassa-Landes hatte uns den Weg verbaut. Den wilden Stromschnellen gegenüber war unser Raddampfer machtlos. Wir freuten uns wohl, die Schiffsplanken verlassen zu können und endlich festen Boden unter unseren Füssen zu haben. Bald zeigte sich aber, daß wir des Gehens recht ungewohnt geworden waren, dazu in einem Tropenland, über dem die Sonne heißer als bei uns strahlt.

Das hatte die Transportgesellschaft auch bedacht und zum Marsch ins Blantyr-Hochland für die Reisenden Hängematten, die von zwei Männern getragen wurden, zur Verfügung gestellt. Anfänglich ging es uns gegen das Gefühl, sich als Männer von anderen Männern tragen zu lassen. Schließlich haben wir aber doch die Annehmlichkeit benutzt, uns tragen zu lassen, wir wären sonst zu weit hinter den anderen zurückgeblieben, denn die Beförderung in der Hängematte erfolgte im Laufschritt. Neben der Hängematte her laufen Ablösungsmänner im selben Tempo. Ohne daß die Hängematte anhielt, sprangen die Ersatzleute unter die Stangen und laut singend ging es weiter, als wäre es höchste Lust. Bald kam aber der Moment, wo auch die Hängemattenträger streiken mußten. Ein steiler Aufstieg machte es ihnen unmöglich, mit ihren Menschenlasten in die Höhe zu steigen. Jetzt merkten wir erst, wie ungewohnt wir des Kletterns waren, bald ging uns die Puste aus. Schritt um Schritt ging es aufwärts, wir schwitzten, der Durst stellte sich ein und etwas Trinkbares hatten wir nicht. Die Beinmuskeln wollten schier versagen. Sehnsüchtig schauten wir in die Höhe, ob wir nicht bald oben wären, aber es ging unaufhörlich bergan. Dann bedeuteten uns die schwarzen Begleiter, daß der Aufstieg bald überwunden sein wird. Als wir die Höhe erreicht hatten, warfen wir uns zuerst ins Gras, um wieder ruhig Atem schöpfen zu können. Das Rasthaus am Wege, auf das man uns hingewiesen hatte, war ganz nah. Es war ein in einheimischer Weise etwas besser gebautes Haus, aber europäisch eingerichtet. Es hieß, Konserven seien reichlich vorhanden, von denen wir nach Bedarf nehmen könnten. Sie waren jedoch nur in geringem Maße zu haben. Unser Trost war, daß wir es am nächsten Tag besser haben würden, das Boardinghouse (Hotel) von Blantyr würde uns freundlich aufnehmen. Es hat uns dann auch wirklich nicht enttäuscht. Noch froher waren wir aber als es hieß, wir müßten einige Tage verweilen, weil der Dampfer, der uns über den See bringen sollte, noch nicht gemeldet sei.

Die Ruhetage im Boardinghouse taten uns ganz gut, wir waren ja ans Nichtstun gewöhnt. Nach einigen Tagen kam aber doch die Nachricht: die »Queen« ist in Fort Johnston, am Südende des Nyassa-Sees eingetroffen. Alle waren erfreut, daß es weiterging, obwohl der Aufenthalt in Blantyr sehr angenehm war. Das Verlangen, endlich ans Ziel zu kommen, bewegte doch alle. Nach einem langen Tagesmarsch hatten wir den südlichen Hafen des Nyassa-Sees erreicht. Sofort durften wir den kleinen Seedampfer besteigen. Sehr gern wären wir allerdings mit der »Hermann v. Wissmann« gefahren, denn dieser kleine Dampfer war auch auf dem Nyassa-See im deutschen Interesse im Dienst. Wir waren aber auch mit der »Queen« zufrieden. In drei Tagen sollten wir am Nordende des Sees sein, in dem kleinen Hafenort Mwaja. Unser kleiner Dampfer fuhr aber nur am Tage, für die Nächte ankerte er in kleinen Buchten an der Westseite des Sees. Der Nyassa-See ist ein gefährlicher See, er schäumt leicht auf, brodelt in hohen kurzen Wellen. Es war Grund genug vorhanden, nachts eine geschützte Stelle aufzusuchen. Wir erlebten aber eine ruhige und herrliche Fahrt.

Die »Queen« hat wohl schon manches Jahr Dienst getan, so hatten Kakerlaken (große Schwaben) reichlich Zeit gehabt, sich zu vermehren. Als wir eines abends mit dem Kapitän in seiner Kabine saßen, griff er in den Kammkasten, der über seinem Sofa hing. Er brachte eine wohl 6 cm lange Kakerlake heraus und sagte: »Das ist Max« und warf sie über Bord. Daraufhin griff er erneut in den Kasten und brachte ein zweites Exemplar hervor und sagte: »Das ist Moritz«. Auch diese wanderte in den See. Ich glaube, daß er in der Lage gewesen wäre, dieses Spiel zu wiederholtem Male vorzuführen, ohne den Kasten zu leeren.

Der Nyassa-See ist ein See von beträchtlicher Größe, er ist 37 km breit und 73 km lang, dazu liegt er etwa 400 Meter über dem Meeresspiegel. Er ist durch große Erdbewegungen in der Vorzeit entstanden. Der vulkanische Charakter ist unverkennbar, die einst ausgeschüttete Lava hat dem Land eine große Fruchtbarkeit gegeben. Gewiß ist das Land wegen seiner Fruchtbarkeit so bevölkert. Es ist ein paradiesisches Land. Auf der östlichen Uferseite ist das Livingstone-Gebirge, das sich von Süden nach Norden zieht, es steigt bis über 2.000 Meter auf. Es wirkt gewaltig mit seinen Schluchten. Auf den grünen Hochlandwiesen weidet gehöckertes Zebuvieh, neben Schafen und Ziegen. Während in Deutschland der Baumwuchs nur bis zu einer gewissen Höhe möglich ist und in höheren Lagen nur noch Knieholz wächst, ist in Afrika herrlicher Baumwuchs noch in 2.000 bis 3.000 Meter Höhe anzutreffen mit allem, was ein Urwald bieten kann. Die Bäume sind anderer Art, darunter edles Holz in allen Farben vom schwarzen Ebenholz bis zum Zitronengelb. In diesen Wäldern wachsen Bambusse bis zu Oberschenkeldicke. Sie treiben in die Höhe, als wollten sie die Laubbäume übertreffen, aber ihr Leben ist nur von begrenzter Dauer. Ist ihre Zeit um, dann brechen sie in sich zusammen und vermodern. Im Absterben verbessern sie die Lebensbedingungen der Laubbäume. An der Nordostseite des Sees, wo das Gebirge etwas zurückspringt, wohnt der Stamm der Kesi. Die Menschen sind Töpfer, ihre Keramikkunst ist schon bemerkenswert. Die von ihnen hergestellten Topfwaren erfreuen sich einer grossen Beliebtheit bei den umliegenden Stämmen und werden im Tauschhandel erstanden. Die Westseite des Sees ist weniger interessant, es fehlt das Gebirge und damit die landschaftlichen Reize. Der Buschwald drängt sich bis an den See heran. Diese Seeseite ist buchtenreich, sie gibt dem Dampfer Gelegenheit, in Buchten für die Nacht Anker zu werfen. In dem Ufergestrüpp unterhalten sich bis in den Abend hinein Affen, das Gekreisch der Nachtvögel erfüllt die Nacht.

Die dreitägige Tagesfahrt auf dem See mit seiner reizvollen Umgebung wird gewiß allen unvergesslich bleiben.

Am 1. August 1905 lagen wir vor Mwaja. Dieser Ort hat keinen hergerichteten Hafen, nur eine günstige Stelle, um Menschen und Güter auf Einbäumen ans Land zu bringen. Der flache Strand zwingt beide Seedampfer ein gutes Stück vom Land entfernt, Anker zu werfen. Das Entladen geht mit Lust und Gesang vor sich, besonders wenn es sich um Menschen handelt, die ihnen willkommen sind. Das große

Konde-Land ist ein sehr fruchtbares und reiches Gebiet. Neben dem bei allen Afrikanern geschätzten Gemüse: Mais, Bohnen, Süßkartoffeln, Kafferkorn u.s.w., auch z.T. Erbsen, ist das Konde-Land mit Milch und Bananen reich gesegnet. Alle Menschen, denen wir begegneten, waren kräftig und wohlgestaltet, die gute Lebensweise war ihnen am Körper abzulesen.

Dazu ist es ein fleißiger Stamm, der seine Gärten an den Hängen bis zu den Höhen hinauftreibt. Die Konde leben in schmucken Häusern, dazu helfen die Bambusstangen, die zum Bau verwendet werden. Da der Bambus vom Knoten zum Knoten mit pergamentartigen Hüllen umkleidet ist, und diese leicht abgelöst werden können, bieten diese, zwischen die Stangen der Hauswände geschoben, einen guten Ersatz für die Lehmverschmierung der Häuser in kühleren Höhenlagen. Das Konde-Land hat ein warmes Klima. Das erkennt man schon an der Bekleidung der Menschen. Die Kinder gehen nackt, die Frauen ziehen es vor, sich lieber mit Perlenketten und Messingringen zu schmücken. Die Männer tragen dagegen nur einen Lendenschurz.

In schmalen Einbäumen, von den Ruderern gut geführt, wurden wir an Land gebracht. Ein Vertreter der Brüdergemeine empfing uns sehr freundlich, auch mit schriftlichen Grüßen von den verschiedenen Stationen und der Braut. Auch Beförderungsmittel hatte man uns geschickt: für die Damen Hängematten und für die Männer weiße Esel, gute Reittiere, die schon edler veranlagt sind als die grauen sehr bockbeinigen Viecher. Die Tiere hatten schon einige Tage im Stall gestanden, sie waren etwas unruhig und sehnten sich nach ihren heimischen Stallungen. Am nächsten Tag sollte die Reise ins Innere des Landes losgehen. Ich öffnete die Kiste, die meinen Sattel enthielt und freute mich seiner Pracht. Da es ein Pferdesattel war, mußte er in vielen Teilen nach der Größe des Esels gerichtet werden. Da nicht genügend Reittiere vorhanden waren, aber auch die anderen reiten sollten, musste jeder, der ein Reittier bekam, sich einen Genossen suchen, mit dem er die Annehmlichkeit des Reitens teilte. Nun entstand aber die Frage: »Wer wird das erste Stück auf dem sehr lebendigen Tier übernehmen?« Das Los entschied, ich hätte den Anfang zu machen. Es wurde dabei nicht gemogelt. »Wie wird es mir gehen?«, so dachte ich. Bis dahin hatte ich noch auf keinem Reittier gesessen. Mit Spannung sah ich dem nächsten Tag entgegen.

Der Abreisetag kam und der Augenblick den Langohrigen zu besteigen. Der Esel war gesattelt und die Steigbügel entsprechend eingerichtet. Der Esel stand unruhig, Schwarze hielten ihn am Kopfe; das gefiel ihm nicht, vielleicht waren es auch Eselhengste, die in der Nähe standen. Es sah so aus, als sollten die nächsten Minuten eine Katastrophe bringen. Es mußte gehandelt werden.

Ich schnallte meinen Tropenhelm, den ich seit dem Roten Meer trug, unter dem Kinn fest und nahm alle Kraft zusammen. Ich kletterte auf den Esel, das war nicht schlimm, denn er war klein, vorn hatte man nichts und im Rücken hatte man noch weniger. Meine Freunde mühten sich um mich, sie brachten meine Füße in die Steigbügel. Nun gaben die freundlichen Helfer das Tier frei, der Esel fühlte sich erlöst und stürmte mit mir davon, als wäre er von einer Wespe gestochen. Mein Stolz, mit dem ich im Sattel saß, war geschwunden. Die Steigbügel hatten sich von den Füßen gelöst, der Tropenhelm war vom Kopf ins Genick gerutscht. Ich saß wohl noch im Sattel, aber alle Würde war dahin. Ich hing mehr am Hals des Tieres, als daß ich im Sattel saß. Ich hatte noch soviel Humor, an die Worte Schillers in der »Bürgschaft« zu denken: »Und schweigend umarmt ihn der treue Freund und liefert sich aus dem Tyrannen«. Es war gewiss kein Bild zum Photographieren. Vielleicht hatte der Esel Mitleid mit mir, vielleicht war auch seine erste Kraft verpufft. Er wechselte in eine andere Gangart über, das war mein Glück. Wenn auch nicht in guter Form, die Probe hatte ich bestanden. Als mein Freund lachend in der Ferne auftauchte, hatte ich etwas »make up« gemacht. Mit einer Verbeugung übergab ich ihm das Reittier. Ihm klopfte sein Herz beim Besteigen nicht, wie es mir geklopft hatte. Nach diesem Erlebnis war ich ruhig geworden und wanderte die abgesprochene Zeit nach der Uhr, bis ich wieder dran war, meine Zeit abzureiten, nun aber auf einem ganz ruhig gewordenen Tier. Das Ereignis vom ersten Reisetage ins Innere des Landes war mir immer in Erinnerung.

Wenn ich heute, nach mehr als 55 Jahren, an jenes Erlebnis mit dem Esel zurückdenke, so haben sich solche Situationen, allerdings in anderer Weise, oft wiederholt. Es hat Momente gegeben, wo ich das Gefühl hatte, den Kinnriemen des Helms fest anzuziehen und alle Energie zu gebrauchen, um mich im Sattel zu halten. Es war manches da, was einen erschüttern konnte, aber dann blieb ich doch im Sattel sitzen, nicht durch eigene Kraft, sondern durch die Kraft dessen, der tüchtig zu machen weiß, wo ich am Versagen war und meinte, mich nicht mehr im Sattel halten zu können. Ich werde hin und wieder darauf zurückkommen.

Als ich so dahin wanderte und auf die Gangart des Esels nicht zu achten hatte, konnte ich mich der Betrachtung der Natur hingeben, und diese war herrlich. In diesem gutbesiedelten Land führte der Weg an vielen Dörfern und an Hütten vorbei, die sauber und gepflegt waren. Lieblich wirkten die Bananen in der Nähe der Wohnungen. Nach mehrstündigem Marsch kam endlich die Station »Neu-Wangemannshöh« in Sicht. Da es der afrikanischen Zunge schwer wurde, diesen schwierigen Namen zu formen, bürgerte sich der für die Afrikaner leichter auszusprechende Name Itete ein. Wo in diesem Land alles gut gedieh, versuchte man auch Kaffee zu pflanzen.

Mein Freund Ruhmland war hier am Ziel, hier sollte er sich in die Missionsarbeit einarbeiten. Für die Weiterreise hatte ich nun den Esel für mich allein. Am nächsten Tag, nach einem zweistündigen Marsch, kamen wir nach Manow zu den gastfreien

Jauers. Er war ein jovialer und witziger Herr. Seinen Lippen entschlüpften ungesucht schlichte Reime. Er half hilfsbereit den Damen aus ihren Maschilas (Hängematten) herauszuklettern. Als er bei einer Hängematte zuerst eine Handtasche erwischte, rief er seiner Frau Maria zu: »Miken, Miken, sieh mal nur, ein ganz richtiger Pompadour!«

Auch auf dieser reizenden Station war mit Erfolg der Versuch unternommen worden, Kaffee anzubauen. Später, als aus den ersten bescheidenen Versuchen Pflanzungen wurden, die sich mit der Missionsarbeit nicht vereinigen ließen, wurde es nötig, sie plantagenmäßig zu verwalten. Der letzte Betreuer war unser lieber Sohn Heinz, der beide Pflanzungen in Itete und Manow mit großer Treue und echtem missionarischen Sinn versah. Als Kolonialdiplom-Landwirt war er für diesen Dienst geschult. Doch darüber später.

In Manow wurde uns ein schöner Tag geschenkt. Innerlich und auch äußerlich gestärkt ging unsere Reise am nächsten Tag weiter nach Mwakalali. Ein anstrengender Weg war zurückzulegen. Die Mission hatte sich eine schöne Stelle für diesen Missionsplatz ausgesucht. Ganz in der Nähe floss der Lufilyo-Fluß, der seine Wasser dem Nyassa-See zuführt. Einige aus Ziegelsteinen gebaute Häuser gestatteten uns eine gute Unterbringung für die Nacht. Nach einer geruhsamen Nacht sollte uns der nächste Tag ins Bwanji-Land bringen. Wir durchschritten den Lufilyo, da er in der Trockenzeit nur wenig Wasser hatte. Bald begann eine anstrengende Kletterei. Auf schmalem Waldpfad ging es lange in die Höhe. Die Sonne brannte heiß und der Durst wurde immer größer. Zum Glück hatten wir in Mwakaleli einen großen Korb mit Zitronen bekommen. Diese wurden uns mit ihrem köstlichen Saft zu einem Labsal.

Endlich hatten wir die Höhe erreicht, vor uns lag das Bwanji-Land. Inmitten dieses Gebietes war die Station Magoje gegründet worden. Der Volksstamm, der hier wohnt, hatte eine harte Vergangenheit. Die Nähe des kriegerischen Volkes der Sango war ihm immer gefährlich. Immer wieder erfolgten Überfälle. Die Sango raubten und plünderten und führten Menschen in die Sklaverei. Die Leute des Landes waren so verängstigt, daß sie keinen Wert darauf legten, sich regelrechte Häuser zu bauen. Sie lebten fast in Erdlöchern, die keinen Verlust darstellten, wenn die Feinde kamen. Waren diese wieder abgezogen, dann kehrten die Flüchtlinge wieder zurück und lebten ihr unruhiges Leben weiter.

Kurz vor unserer Ankunft war ein schönes Steinhaus fertig geworden, das den Bewohnern des Landes eine Gewähr dafür war, daß eine bessere Zeit für sie angebrochen sei. Wir verließen diesen Ort mit den besten Eindrücken.

Jetzt sollte es ins Kinga-Land gehen, für das mein Freund Tramp bestimmt war. Manche Wegstelle lud uns ein, zur Umschau zu verweilen. Es war ein großartiges Panorama, in das wir schauen durften. Unserem Blick bot sich ein herrliches Gebirgsland mit grünen Matten und bewaldeten Hügeln. Aber auch der Eindruck bestand bei uns, daß es manchen Schweißtropfen kosten würde, um in vielen Marschstunden das Reiseziel Bulongwa zu erreichen.

Es wurde uns gesagt, daß die Überwindung der Numbi-Schlucht sehr anstrengend wäre. Endlich war die sehr bewaldete Schlucht erreicht. Die Steilheit des Abstieges war schon zu ertragen, aber ebenso steil ging es nach Durchschreiten der Talsohle wieder in die Höhe. So schön die Gegend auch war, und so lockend der Fluß in der Tiefe rauschte, dennoch waren wir froh, als endlich die Schlucht und der Marsch durch dieselbe hinter uns lag. Ich glaube, daß die Numbi-Schlucht für die Sango ein Hindernis war, das sie davon abhielt, ihre räuberischen Einfälle auch ins Kinga-Land zu tragen.

Dieses Land ist ein gesundes Hochland, es wird durchschnitten von tiefen und breiten Tälern, aus denen die Leute die Binsen holen, die sie zu Matten in verschiedenen Größen verarbeiten. Auch Eisen gibt es im Schoß der Erde. In primitiven Hochöfen wird es schmiedefertig gemacht und zu Haumessern, Speeren und Pfeilspitzen verarbeitet. Daneben werden Kuhglocken geschmiedet und auch kleine Glöckchen hergestellt, die, um die Fußknöchel geschnürt, beim Tanz getragen werden.

Da das Kinga-Land ein Hochland ist, fehlte es nicht an rauen Winden. Die Hütten der Bevölkerung schmiegen sich förmlich dem Boden an. Der erforderliche Wohnraum in der Hütte wird dadurch gewonnen, daß man den Boden vertieft. Oft kann man nur kriechend in das Wohngelass gelangen. Charakteristisch für das Land ist der Bambus, es ist aber nicht der in die Höhe wachsende, sondern ein Strauchbambus, der einen köstlichen Saft liefert. Zur bestimmten Zeit wird ein Schößling angeschnitten. Wenn der Saft anfängt zu schießen, dann fließt in das angehängte Gefäß, über sehr geschickt angebrachte Bambusblätter, ein herrlicher Saft hinein, der köstlich mundet. In wenigen Tagen hat sich aber der Saft in Alkohol umgesetzt. In solchem Zustand wird er aber am liebsten getrunken, weil er berauscht. In der Zeit, in der »der Bambus weint«, so bezeichnen die Kinga diesen Vorgang, gibt es im Land viele Trunkenbolde und in der Folge allerlei Ungemach. Das Land ist sehr fruchtbar durch den Nebel, der jeden Morgen das Land feuchtet. Es ist Missionar Hübners Verdienst, den Weizen eingeführt zu haben; er ist später das Nahrungsmittel, nicht nur für die Kinga, sondern auch für einen weiten Umkreis geworden.

Der Weg durch das Kinga-Land, so schön er auch war, ist uns sehr sauer geworden. Die Sonne war schon untergegangen, als wir Bulongwa erreichten. Natürlich gab es auch hier ein herzliches Grüßen und später viele Fragen, die zu beantworten waren. Der nächste Tag war ein Ruhetag; wir hatten ihn durch die Anstrengungen am Tage zuvor gut verdient. Aber auch hier konnte das Verweilen nicht länger sein. Wir wanderten weiter und besuchten die zweite Kinga-Station Tandala. Schöne Steinhäuser waren an diesem Platz entstanden, auch das Wasser war viele Kilometer weit zur Station geleitet worden. Man hatte für den Aufbau keine Mühen gescheut, aber nach meiner Meinung war dieser Platz eine Fehlanlage, denn es gab keine Menschen, die doch unbedingt zu einer Missionsstation gehören. Diese lebten weit von dem Missionsplatz entfernt. Was ich an angeregten Leuten bei der Morgenandacht sah, war sehr kümmerlich. Ich hätte hier nicht arbeiten wollen. Wie ich diesen Platz erlebte, nicht anders habe ich ihn in späteren Jahren gefunden.

Nun geht es Kidugala entgegen. Unsere Reisekarawane ist sehr zusammengeschmolzen. Kidugala ist aber nicht an einem Tag zu erreichen. Einen Tag lang mußten wir noch durch das Kinga-Land reisen. Dort, wo das Bena-Land beginnt, mußten wir in Zelten die Nacht verbringen. Dieser letzte Tag durch das Kinga-Land hat uns fast nur kahle Höhenrücken gezeigt, nur einige Plätze am Wege waren besiedelt. Der Ort Kipengele an der Grenze des Kinga- und Bena-Landes war schon vorher und auch später der Ort, an dem man übernachtete. Der Platz in etwa 2000 m. Höhe über dem Meeresspiegel war sehr kalt. Wir freuten uns aber, am nächsten Tag in Kidugala zu sein. Dieser Gedanke bewirkte bei uns ein Wohlgefühl, so daß wir die Unbequemlichkeiten des Zeltlagers nicht empfanden.

Sehr früh waren wir am 15. August 1905 auf den Beinen. Mit hochgespannten Erwartungen ging ich dem vor uns liegenden Ziel entgegen. Es hieß, es handele sich um einen sechsstündigen Marsch. Die Freude, die mich belebte, war größer als die Müdigkeit, die sich bisweilen bemerkbar machte. Kaum war die Sonne aufgegangen, da waren wir schon marschbereit. Es ging auf Wegen, die wir schon von den letzten Tagen her gewohnt waren. In dem weiten zum Teil unbesiedelten Land richtet man sich nach den ländlichen Gegebenheiten bei der Anlage von schlichten Wegen; mit Hacken wird das Gras beseitigt und der Weg ist fertig. Nur die Bachübergänge boten einige Schwierigkeiten. An den für den Übergang ausgewählten Stellen werden nach oben gegabelte Hölzer in die Erde, oder in das sumpfige Gelände geschlagen. In die Gablungen legt man lange Stangen, die auf Querhölzer gelegt und mit Gras und Lehm abgedichtet werden. Für Wagenverkehr sind solche Brücken nicht geeignet, aber den gibt es nicht. Nur Menschen und Tiere benutzen diesen Steg. Wenn auch Kühe je und dann einmal durch die Brücke hindurchtreten, so bietet dennoch die Passage für Menschen mit ihren Reittieren keine Schwierigkeiten.

In den verflossenen Tagen hatten wir, vom Westen kommend, das Livingstone-Gebirge erstiegen. Im Bwanji-Land und im Kinga-Gebiet waren wir über die Höhen gewandert. Hinter Tandala waren wir auf die Ostseite des Gebirges gekommen und wanderten jetzt über die östlichen Ausläufer nach Norden Kidugala entgegen. In diesem Vorgelände liegt der Missionsplatz. Erst einige Kilometer hinter demselben kommt man in das eigentliche Bena-Hochland. Da ich in Kidugala meine Aufgabe haben sollte, reiste ich wachen Auges durch das Land. Ich war bemüht, mir das Landschaftsbild gut einzuprägen.

Endlich tauchte Kidugala auf. Es lag wie eine Oase im Gelände. Hier sollte ich also heimisch werden. Es war noch ein gutes Stück Weges zurückzulegen, aber die Station blieb in unserem Blickfeld. Endlich war der Stationsbach, der Kidugala in zwei Teile trennt, erreicht. Er konnte zu Fuß durchschritten werden. Nach dem Überschreiten ging es den Berg hinauf. Von oben hatte man uns schon lange zugewunken, es waren viele, denen wir bald die Hände schütteln konnten: Ehepaar Maas mit ihren drei Kindern, Bruder Clewe und Frau und dem humorvollen Bauhandwerker Schneider. Bruder Clewe war der Mann, der die Aufgabe hatte, in Mukeka, auf der andern Seite des Stationsbaches, die Seminararbeit aufzubauen. Bei einem fröhlichen Mahl waren wir dankbar und vergaßen schnell alle hinter uns liegenden Reisenöte.

Ich war am Ziel. Am 26. Mai 1905 waren wir in Hamburg abgefahren und am 15. August 1905 war die Reise zu Ende gegangen.

In Kidugala

Meine erste Unterbringung war ein Gaststübchen im Missionarshaus, das ich aber bald mit einem Zimmer im Wirtschaftsgebäude tauschte. Mir war es sehr recht, weil ich in ihm nach Herzenslust schalten und walten konnte. Eine in der Mitte geteilte Tür, einer oberen und einer unteren Hälfte, störte mich nicht. Der obere Teil der Tür war fast immer am Tag geöffnet. Es war angebracht, die untere Türhälfte geschlossen zu halten, damit nicht Hühner, Enten und Tauben ins Zimmer kamen. Unter fachkundiger Leitung zimmerte ich mir einen Arbeitstisch und ein Bücherregal. Ein Bett mit allem Zubehör und ein Stuhl sowie ein kleiner Zelttisch gehörten zu meiner Ausrüstung, die mir mitgegeben worden war.

Die ersten Tage meiner Anwesenheit dienten dazu, mich mit allem bekannt zu machen, was auf der Station vorhanden war. Rechtwinklig zum großen Wohnhaus war das Wirtschaftsgebäude angebaut. In derselben Flucht, aber mit einem Zwischenraum, lag das Lagerhaus, angefüllt mit Bausachen für die übrigen Stationen, die alle im Aufbau waren. Aber auch Wirtschaftsgegenstände aller Art konnten in diesem Lager erstanden werden. Am Ende dieses Gebäudes befand sich ein Raum, der Unterrichtszwecken diente. Jeden Vormittag sammelten sich in ihm die Kinder der Station. Sie wurden dort unterrichtet. Links von dem Missionarshaus, dem Wirtschaftshaus gegenüber, hinter einem Platz, der mit Maulbeerbäumen bepflanzt war, lagen

Stallungen für Rinder, Schafe, Ziegen und Schweine. Auch die Esel hatten dort ihre Unterkunft, desgleichen das Federvieh, auf das man wegen der Eier angewiesen war. Hinter dem Haus war ein großer weiter Platz; etwa 150 Meter vom Haus entfernt war ein Kirchenfundament. Hier sollte die Kirche erichtet werden. Es wurde gehofft, daß ich Hand anlegen möchte, mich an dem Aufbau des Gotteshauses zu beteiligen. Hinter dem Fundament war ein Friedhof schon im Gebrauch. Er war mit schlanken Zypressen nach außen begrenzt, die schon ein gutes Wachstum erkennen ließen. Die Anlage Kidugalas machte schon deutlich, daß dieser Platz zu einem Zentralpunkt werden würde. Auf schlichten Wegen konnte man nach Lupembe reisen oder die Richtung nach Jakobi einschlagen.

Eine mit Kandelaber-Enphorbien bepflanzte Straße zielte auf Ilembula. Nicht zuletzt ist der Weg zu nennen, den wir von Kipengele-Tandala marschiert waren. Erwähnenswert ist auch der Garten, der durch Ableitung des Stationsbaches zu einem wertvollen Landstück geworden war, das in den Monaten der Trockenzeit Gemüse, Obst und vieles andere lieferte. Es war ein Platz, den man gern aufsuchte. Die Hausfrau freute sich, als Lohn für ihre Mühe manchen Korb Gemüse nach Hause zu tragen und für die Mahlzeit herzurichten.

An landschaftlichen Reizen fehlte es nicht. Etwa 400 Meter entfernt befanden sich die Ausläufer einer Berglandschaft. Er wirkte wie eine liebliche Erhebung, sie ist mit kurzen Bäumen bewachsen und mit z.T. großen Steinen übersät. Landwirtschaftlich ist sie bedeutungslos, jedoch sonst von hohem Reiz, weil von der Höhe ganz Kidugala zu überschauen ist. Dieser Zierde Kidugalas haben wir den Namen »Leopardenhügel« gegeben.

Nicht weit vom Fuße dieser Erhebung steht das Doktorhaus. Einem Arzt hatte es als Wohnung gedient, jetzt wohnte die Familie Clewe darin. Wenn die Seminaranlage fertig sein wird, soll dort ihre Wohnung sein. Geht man dem Stationsbach nach, so kommt man nach einer Viertelstunde zu einer herrlichen Felsenpartie, durch die der Noholo, nachdem er sich mit anderen Gewässern vereinigt hat, sich hindurchwindet, und seinen Weg in der Richtung aufs Sango-Land fortsetzt.

Die Front des Missionarshauses blickt auf das Livingstone-Gebirge, aus dem sich etwa 2400 Meter hoch der Fulaningi erhebt. In den Tagen unserer Ankunft in Kidugala war die Zeit des Buschfeuers gekommen. Es war eine große Überraschung für mich. Während wir auf der Veranda des Hauses saßen, flammten am Abend in den wohl vier Stunden entfernten Bergen Feuer auf. Mächtige Flammen gingen hoch und so gewaltig, daß man trotz der großen Entfernung das Knistern brennender Hölzer hören konnte. So furchtbar diese Brände auch wirkten, sie waren von Menschenhand gezügelt. Es war also nicht die Auswirkung kindlichen Feuerspiels oder die Folge einer unachtsamen Handlung erwachsener Menschen, sondern eine wirtschaftliche Notwendigkeit.

Seit April hatte es nicht mehr geregnet, damit war der afrikanische Winter gekommen. Darüber wurde das Land trocken; das in der Freiheit sich bewegende futtersuchende Vieh wurde nicht mehr satt. Es mußte Abhilfe geschaffen werden. In den Bergen wurde sie darin gefunden, daß das trocken gewordene Gras streckenweise abgebrannt wurde. Das geschah mit großer Überlegung und Umsicht; dem Brand wurde eine Grenze gezogen, über die hinaus er sich nicht ausbreiten durfte. Die Asche des Abgebrannten sollte den Boden düngen und der täglich reichlich gefallene Morgentau half dazu, frisches Gras hervorwachsen zu lassen. Schon nach kurzer Zeit waren die abgebrannten Stücke mit frischem Grün überzogen. Das kam dem Vieh zugute. War genug frisches Grün vorhanden, wurden neue Stücke unter Feuer gesetzt, bis schließlich das ganze Gebirge mitten in der Trockenzeit eine grüne Weide wurde. Solche Brände im Gebirge konnten nun wochenlang jeden Abend beobachtet werden. Das war stets ein imposantes Schauspiel, wobei man wußte, daß eine ordnende Menschenhand im Spiel war und Gefährliches sich nicht ereignen konnte. Ich habe mich stets solcher Brände gefreut, es war ein herrliches Fernsehen. Nebenbei erfuhr man, daß durch diese Brände viel Ungeziefer zugrunde geht. Was sich nicht mehr in Erdlöcher retten kann, fällt dem Feuer zum Opfer. Schon nach den Bränden kann man sehen, daß viele Vögel geschäftig sind, über die abgebrannten Stücke zu laufen, um sich an Gebratenem, wie Schlangen, Heuschrecken, Spinnen u.s.w. gütlich zu tun.

Es gab in den Abendstunden auf der Veranda mit den älteren Missionaren, denen dieses Schauspiel nicht mehr fremd war, aber auch ihnen zu immer wieder neuer Freude gereichte, angenehme Unterhaltung. Es war eben eine ganz andere Welt, in die ich versetzt worden war. Schon der reiche südliche Sternenhimmel nötigte zur Aufmerksamkeit. Den Nordpolarstern mit seinem Anhang hatten wir seit der Überschreitung des Äquators nicht mehr gesehen, dafür zeigte sich unserem Auge das Kreuz des Südens, aber der Große Bär zog auch hier seine Straße. So blieb also doch mit der Heimat eine Verbindung, auch wenn nur die Sterne sie uns vermittelten.

Familie Neuberg und der zum Aufbau von Milow ausgesandte Hoffmann verweilten noch einige Tage in Kidugala; es galt allerlei Bausachen aus dem Materialienlager einzukaufen und sich mit dem Notwendigsten zu versehen. Jetzt reisten auch diese ihrem Bestimmungsort Milow zu. Drei Stunden etwa marschierten sie auf dem Wege Kipengala-Tandala, dann bogen sie ab, um in südlicher Richtung, insgesamt nach 23 Reisestunden, am Ziel zu sein. Das Land ihrer Bestimmung heißt Upangwa, es liegt östlich hinter den gewaltigen Bergen am Nyassa-See, es ist ein waldreiches Gebiet. Auf dem Weg dorthin mußte zweimal das Zelt aufgeschlagen werden, einmal an den

Quellen des Luhudzi und dann etwa vier Stunden vor Milow, in Mulangali. Fröhlich trennten wir uns ohne zu wissen, daß nur kurze Zeit bis zum Wiedersehen vergehen würde.

Die sprachliche Zurüstung beginnt

Die Tage des Zusammenseins in Kidugala mit erfahrenen Männern waren nicht nutzlos. Nach Bruder Neubergs Abreise war es still geworden. Der Augenblick war gekommen, sich nun der sprachlichen Arbeit zuzuwenden. An sprachlichen Hinweisen war nur wenig vorhanden und diese waren z.T. Eigenbesitz. Immerhin gab es aber soviel, das man als Sprachgerippe ansprechen konnte, jedoch das Fleisch daran mußte mühsam erarbeitet werden. Es war gut, daß ich mir bei Professor Carl Meinhof im Orientalischen Seminar in Berlin die Grundgesetze der Bantu-Sprachen und die Gesetze der Konsonantenveränderungen angeeignet hatte. Das wurde mir zu einer großen Hilfe.

Aber die Worte aus einem fremden Idiom wollten nicht haften, es gab keine Hilfsmittel, die einem sonst zur Verfügung stehen. Die Worte waren wie Granitsteine, die unbesehen geschluckt werden mussten, bis man sie allmählich verdaut hatte. Demosthenes, der große griechische Redner eignete sich seine Redekunst dadurch an, daß er mit einem Kiesel im Mund durch sein Sprechen das Getöse des Meeres zu übertönen versuchte. Ich habe überall, wo ich allein war, die fremden Worte laut in die Luft geredet, damit ich mich an den Klang und Tonfall gewöhnte. So hatte ich mir in vier Monaten wesentliche Teile der Grammatik angeeignet, so daß ich später meinen Schülern, denen ich Sprachunterricht gab, sagen konnte, daß auf Grund eigener Erfahrung die ersten vier Monate für die Erlernung der Sprache entscheidend sind, um nicht zeitlebens ein Stümper zu bleiben.

Dunkle Wolken ziehen auf

Wir lebten unsere Tage in dem Bewußtsein tiefen Friedens. Jeder Tag hatte seine Freude und seine Plage, sie waren arbeitsreich. Müde sank man abends ins Bett mit Freude auf den nächsten Tag, um ein Stücklein an Wissen und Erfahrung reicher zu werden.

Eines frühen Morgens, als ich in tiefem Schlaf lag, pochte jemand laut an meiner Tür. Es mag wohl drei oder vier Uhr gewesen sein. Schwer wurde ich munter und rief: »Was ist denn los?« Maas war es, der angeklopft hatte, er sagte: »Deine Braut aus Deutschland ist bestimmt noch nicht eingetroffen! Steh nur auf und höre selbst, was sich ereignet hat.« Eilig zog ich mich an und trat hinaus, es war noch Nacht.

Allerlei Leute standen still auf dem Hof, als ob sie von einer Reise gekommen wären. Im Wohnzimmer fand ich Neubergs vor. Ich fragte: »Ihr hier, wie kommt das?« Es fiel mir auf, daß alle sehr müde aussahen. »Wir sind auf der Flucht, vielleicht müssen wir sogar noch weiterfliehen und Ihr dazu. Ein großer Aufstand ist ausgebrochen; der Songaa-Bezirk steht in Flammen. Der Ngoni-Stamm hat sich erhoben und andere Stämme dazu. Wir sind vorerst froh, Kidugala erreicht zu haben. Was weiter kommt, steht in Gottes Hand. Wir sind sehr müde, denn wir sind ununterbrochen wohl etwa zwanzig Stunden unterwegs gewesen!«

In den nächsten Stunden hatten wir die ganze Not erfahren. Im letzten Drittel des Monats August waren Neubergs mit ihrem Bauhelfer Hoffmann glücklich im Milow eingetroffen. Die Freude der Stationsleute war sehr groß. Der Aufbau der Station aus Ziegelsteinen sollte sofort beginnen. Es war Neubergs Art, schnell zu handeln; bis zum Beginn der Regenzeit konnte noch mancherlei geschehen. Anfang September flackerten Nachrichten durchs Land, daß Anzeichen eines beginnenden Aufstandes vorhanden wären. In den nächsten Tagen kam sogar die Nachricht, daß Aufständische auf dem Wege ins Pangwa-Land sind.

Bald erzählten sich die Leute, eine katholische Missionskarawane sei auf dem Weg von der Küste ins Ngoni-Land überfallen worden; den Bischof, Missionare und Schwestern hätte man getötet. Weitere Nachrichten gaben bekannt, daß alle Weißen sterben müßten. Die Leute von Milow fingen an, unruhig zu werden und bedrängten Neuberg, sich mit seiner Familie in Sicherheit zu bringen. Neuberg lehnte ab. Er erklärte: »Ich bleibe!« Als am Abend infolge eines Kaminbrandes die Flammen zum Schornstein hinausschlugen, wurde das Mahnen der Stationsleute energischer. »Willst du Unglück über dich, deine Familie und uns bringen. Hast du nicht das Mahnzeichen Gottes gesehen?« Darauf entschloss er sich, die Flucht vorzubereiten. Die Schwarzen halfen, wo sie nur konnten; auch die Träger waren da, einen schnellen Abzug zu ermöglichen. Am Nachmittag eines Septembertages war es soweit, die Flucht zu beginnen. Nach vierstündigem Marsch wurde es dunkel; bei Mulangali wurde ein provisorisches Lager bezogen. Beim ersten Morgengrauen sollte es weitergehen.

Bald nach der Abreise aus Milow waren die ersten Ngoni da, sie kamen auf die leere Station. Bei den Stationsbewohnern bestand der Wunsch, daß die Ngoni, zu denen auch Pangwa zwangsläufig gehörten, in Milow lagern möchten, damit sie Neuberg nicht zu sehr auf den Fersen säßen. Der Ngoni-Führer befahl den Weitermarsch bis in die Nacht hinein. Gegen Morgen hatten sie sich Mulangali genähert und das Lager der Fliehenden umzingelt. Die Angesehenen der Aufständischen näherten sich mit Waffen dem kleinen Zeltlager. Neuberg trat heraus und forderte, die Waffen niederzulegen, dabei erkannte er einige Pangwa-Häuptlinge, denen er einmal beigestanden hatte. Diese waren verwirrt und legten die Waffen ab.

Es gab eine lange Verhandlung, es wurde sogar verlangt, sich von den Kindern zu trennen. Dann wurde ihre Weiterreise gestattet, aber allen Besitz müssten sie zurücklassen. Schließlich wurden noch einige Sachen zur Mitnahme erlaubt. Eine kleine Gruppe setzte die Reise fort, eine Flucht in eiligem Tempo. Den ganzen Tag wurde marschiert, auch am Abend wurde nicht Halt gemacht. Die Fliehenden zogen durch das Land des Häuptlings Kiswaga. Auffällig war, daß in der Nacht in allen Hütten Feuer brannte. Später stellte sich heraus, daß die Zaubermedizin, die siegesgewiss machen sollte, auch hier Einzug gehalten hatte.

Der Tod, der der Gruppe Neuberg sicher war, aber aus Uneinigkeitsgründen nicht vollzogen wurde, sollte durch den Häuptling Kiswaga herbeigeführt werden. Eine solche Bluttat sollte ihn verpflichten, sich rückhaltlos der Aufstandsbewegung zur Verfügung zu stellen. Aber unter Gottes Schutz wanderten sie in die Nacht hinein und erreichten unbehelligt Kidugala.

In Kidugala war ein geschäftiges Treiben wie in einem Ameisenhügel. Das Thema war der Aufstand, sorgenvoll dachte man an einen baldigen Überfall und seine eventuellen gräßlichen Folgen. Alles Streben war aber darauf gerichtet, nicht in einem Angriff zu unterliegen. Stündlich liefen Nachrichten ein, darunter auch Latrinenparolen, die ausgewertet wurden, jedoch war mit einem Angriff der Ngoni im Augenblick nicht zu rechnen. Scheinbar hatten sie andere Befehle bekommen. In Kidugala schlief man nicht, alle hatten Gedanken, die auf Schutzmaßnahmen hindeuteten. Was brauchbar war, wurde versucht, in die Tat umzusetzen. In erster Linie wurde beschlossen, daß alle in einem Haus zusammenzögen und ihre Wohnhäuser verließen. Auch die in Ilembula stationierten Missionarsfamilien Priebusch und Heese wurden aufgefordert, zu ihrer Sicherheit nach Kidugala zu kommen. Am nächsten Tage waren sie schon da. Zusammen mit Kindern waren zwanzig Leute beieinander. Die Schwarzen waren rührig, überall zu helfen, auch für sie war Gefahr im Anzug. Gefahr drohte auch denen, die mit den Weißen verbunden waren. Der ganze Hofraum wurde mit einer Palisade eingeschlossen, mit vielen Dornenzweigen wurde sie an der Außenseite belegt. Mit Ziegelsteinen, die für den Kirchbau vorsorglich bestimmt waren, wurden die Verandazwischenräume geschlossen und mit Schießscharten versehen in der Hoffnung, daß es nicht dazu kommen möchte, sie zu benutzen. Auf solche Weise war aus dem Wohnhaus eine kleine Festung geworden.

Weit vom Haus entfernt bestanden Feldposten, besetzt mit zuverlässigen Schwarzen, sie standen in der Nacht dauernd unter Kontrolle zweier Weißer. Es war eine alte Erfahrung früherer Zeiten, daß Überfälle der Schwarzen in dämmerigen

Morgenstunden erfolgten, weil da die Neigung, sich dem Schlaf hinzugeben, am größten ist. Überrumpelt durften wir nicht werden. Natürlich ging auch sofort ein Bericht an die Militärstation und um Askari-Hilfe wurde gebeten. Im Eiltempo konnte Iringa, die Regierungsstation, erst in sechs Tagen erreicht werden, es konnte also erst nach mindestens zwölf Tagen auf Antwort gerechnet werden. Inzwischen waren Schwarze aus eigenem Antrieb unterwegs, um auszukundschaften. Einer von ihnen hatte die Aufmerksamkeit so stark auf sich gelenkt, daß er verfolgt wurde. Im Bugwa-Fluß suchte er Unterschlupf, er musste aber viele Stunden im Wasser sitzen, oft bis zum Hals, bis es ihm gelang, sich nach Kidugala durchzuschlagen mit der Kunde, daß es gefährlich sei, sich im Land frei zu bewegen. Trotz mancher beunruhigender Nachricht wurde Kidugala in einem weiten Umkreis zu einer Oase im Gebiet der Unruhe, so daß mancher, die Furcht vor Strafe, die sicher war, abstreifte und nach Kidugala flüchtete und um Schutz bat. Auf solche Weise ist auch die Familie Kyungu herzugeeilt mit der Bitte, aufgenommen zu werden. Der damals zehnjährige Sohn Boymakuva (d.h.:«Diener im großen Geschehen« und ist auf die Jagd bezogen) hat in späteren Jahren eine besondere Rolle gespielt.

Bald wurde erkannt, daß die Bewegungen der Aufständischen eine andere Richtung nahmen. Die Station Jakobi war ihnen ein Ärgernis. Es wurde beschlossen, dieses zu beseitigen. Erst dann würde es möglich sein, über den Luhudzi-Fluss nach Norden vorzustoßen. Mit Sorge dachten wir an Familie Gröschel mit ihren drei Kindern. Diese Sorge drückte auch Bruder Schumann, den Superintendenten. Er hoffte, wenn es mir möglich wäre, mich nach Jakobi durchzuschlagen. Vielleicht könnte ich Gröschels eine Hilfe sein. Er bat mich, mich mit meinem Gewehr und den dazu gehörigen Patronen auf den Weg nach Jakobi zu machen. Das war ein schwieriger Auftrag, dabei wußte er nicht, daß schon Schwarze Gefahr liefen, durchs Land zu wandern, weil alle Wege unter Kontrolle standen. Aber einem ehemaligen Soldaten war dies ein Befehl.

Die Familie Gröschel war in Gefahr. Wohl stiegen mir Bedenken auf, ob es mir gelingen würde durchzukommen. Wenn schon Schwarze auffielen, wie viel mehr musste ich, auf einem weißen Esel reitend, die Aufmerksamkeit der Menschen auf mich ziehen? Ich entschloß mich, der Bitte Folge zu leisten. Mit Gottes Hilfe müßte es gelingen. Meine Bedenken teilten die anderen. Bruder Clewe stellte mir seine Dally, ein prächtiges Reittier, zur Verfügung. Am nächsten Morgen, nur mit Wenigem versehen und begleitet von einem Schwarzen, war ich nach der Morgenandacht reisefertig. Der Esel stand gesattelt vor dem Haus. Ich hatte gerade meinen Fuß in den Steigbügel gesetzt, um mich in den Sattel zu schwingen, da sah ich einen Mann auf dem Lupembe-Weg herankommen. Er trug einen Rohrstab in der Hand, der oben aufgeschlitzt war. In dem Spalt steckte ein in Wachstuch gehüllter Brief, der an mich gerichtet war. Der Schwarze war auf Nebenwegen und abgelegenen Furten über die Bäche gekommen, sein Auftragsziel hatte er erreicht. In dem Brief wurde ich gebeten, von der Reise Abstand zu nehmen, für mich sei es unmöglich, nach Jakobi zu kommen, ich würde in die Hände der Aufständischen fallen. In dem Brief wurde weiter mitgeteilt, daß es Hahn, von Lupembe aus, leichter hätte, von einer anderen Seite kommend, nach Jakobi zu gelangen. Meine Hilfe wurde also nicht mehr begehrt. In meinem Herzen war ich doch dankbar für diese Lösung. Auch andere dankten mit mir.

Gleich nach dem Eintreffen Bruder Hahns in Jakobi setzte der Sturm auf Jakobi ein. Freundliche Zurufe aus dem nur spärlich geschützten Ort machten auf die Angreifer keinen Eindruck. Sie stürmten mit dem Kriegsruf »Honga-Honga« an, in der Meinung, kraft der Zaubermedizin kugelfest zu sein. Da fielen von den Verteidigern einige Schüsse, es gab Verwundete. Die Angreifer stutzten und fluteten zurück. Dem ersten vergeblichen Versuch folgte ein zweiter. Durch das große Geschrei waren die Bienen beim Haus unruhig geworden. Sie stürzten ins Freie und umschwärmten die Angreifer, die anfingen, wild um sich zu schlagen, so daß die angreifenden Scharen sich erneut zurückzogen. Die Lage der Jakobi-Leute war brenzlig, Verteidigungsmittel standen ihnen nicht mehr zur Verfügung.

Das hatten die Angreifer auch erkannt, sie rüsteten sich zum dritten Angriff. Er stockte, denn von der Lupembe-Seite waren große Scharen von Menschen im Anmarsch. Die Aufständischen meinten, in ihnen Krieger zu erkennen. Sie glaubten ihnen nicht gewachsen zu sein. Bald hatten etwa 500 Schwarze das Missionsgehöft überschwemmt. Sie waren nicht mit Waffen gekommen, sondern nur mit der Absicht, die geängstigten Leute von Jakobi in Sicherheit zu bringen. Der Absicht folgte die Tat. Es wurden Sachen verpackt und Lasten verschnürt bis in die Nacht hinein. Am nächsten Morgen setzte sich eine große Karawane in Bewegung; Lupembe wurde der Bedrängten Zufluchtsstätte. Der schlimme Tag in Jakobi war der 19. September 1905. Den verblendeten Aufständischen blieb weiter nichts übrig, als die Gebäude zu zerstören und sich vergrabene Sachen anzueignen. Gott hat alles freundlich geleitet. Daß irdisches Gut verloren ging, bedeutete nichts, aber seine Kinder hat Gott gerettet.

Von der Regierung wurden kleine Askari-Hilfstruppen ins Land geschickt. Eine zeitlang hatte sogar Kidugala eine kleine Besatzung, dann wurde, etwa drei Stunden von Kidugala entfernt, der sogenannte Dzombe-Posten gebaut, von dem aus Streifzüge durchs Land unternommen wurden. Wir waren in Kidugala froh, daß der Dzombe-Posten (jetziges Mdandu) entstand. Wenn man an mancherlei Rohheiten denkt, die schwarze Soldaten verübten, so schien es uns im Interesse unserer Arbeit wichtiger zu sein, unter Gottes Schutz zu stehen, als in Abhängigkeit jener Soldaten zu leben.

Inzwischen war von Regierungsseite viel geschehen, im Land die Ordnung wieder herzustellen. Südlich von Jakobi, in der Hauptsiedlung des Häuptlings Mbejela, wurde eine ganze Kompanie Askari stationiert. Andere Askari-Gruppen waren im Anmarsch. Am 1. Januar 1906 erschien ein Detachement unter Führung vom Stabsarzt Wiehe mit zehn Soldaten und einem großen Tross von Trägern. Er kam von Tukuyu (Konde-Bezirk) und war auf dem Marsch nach Utengule, um der deutschen Kompanie unter Hauptmann von Kleist Munition und andere Dinge zu überbringen. Er marschierte über Dzombe, besuchte Höhlen, die den Aufständischen als Versteck gedient hatten und zog von da aus quer durchs Land, um über Jakobi nach Utengule zu kommen. Er geriet in ein großes Sumpfgebiet, in dem es unüberwindliche Schwierigkeiten gab. Ohne daß der Führer eine Ahnung davon hatte, waren von allen Seiten Schwarze herbeigeeilt. Sie wussten, daß die deutsche Gruppe in eine Falle geraten war. Schließlich wußte das Kommando weder aus noch ein, es blieb im Sumpf stecken. So verzettelt, wurde die Einheit der Truppe zerrissen. Alle Verteidigungsmaßnahmen waren wirkungslos. Die Aufständischen hatten es leicht, einen vernichtenden Schlag zu führen. Die gesamte Truppe Wiehe wurde vernichtet, Gewehre, Munition und viele andere Dinge fielen in die Hände der Aufständischen. Diese erlebten durch den ihnen geschenkten Sieg einen mächtigen Auftrieb, aber weitere Erfolge hatten sie nicht zu verzeichnen.

Die herangezogenen deutschen Kampfverbände waren inzwischen so mächtig geworden, daß die Widerstandskraft der Erhebung immer geringer wurde und nach einigen Monaten völlig erlahmt war. Wenn auch die Hehe und Sango sich anfänglich willig gezeigt hatten, sich den Aufständischen anzuschließen, erklärten sie später der deutschen Verwaltung, ihr jede Hilfe zu leisten. Aufs Ganze gesehen, musste erkannt werden, daß der große Vorstoß vom Süden her, der wie ein großer Feuerbrand sein sollte, im Bena-Gebiet zum Stillstand gekommen war. Die Missionsarbeit konnte weitergehen.

Das missionarische Wirken beginnt

Trotz der unruhigen Tage des Aufstandes hatte das Bemühen um die Erlernung der Sprache keine Unterbrechung erfahren. Manches hatte im missionarischen Wirken unterbleiben müssen, es konnten keine Verkündigungsreisen nach früheren Predigtplätzen unternommen werden, auch der Schulunterricht wurde eingestellt, weil es fernwohnenden Kindern nicht möglich war heranzukommen. Dagegen wurden

Andachten und Predigtgottesdienste auf der Station gehalten, zu denen auch Fernwohnende kamen. Als die äußere Ruhe im Land einigermaßen hergestellt war, fielen zuerst die einst notwendigen Schutzmaßnahmen: Palisaden und Veranda-Vermauerungen. Das Verlangen nach Luft und Licht konnte wieder befriedigt werden. Die Stationsschule kam wieder in Betrieb, dadurch hatte ich Gelegenheit, im Unterricht die Zunge zu üben und mich unter Umständen von den Kindern korrigieren zu lassen. Dabei übte ich mich im Formen schwieriger Satzkonstruktionen.

Nach einem halben Jahr versuchte ich, die erste Predigt in Kibena zu halten. Sie war natürlich ein auswendig gelernter Aufsatz, aber doch schon ein Beweis, daß ich Fortschritte gemacht hatte. Wenn ich nun Sonntags mit Maas ausritt, Predigtstätten aufzusuchen, bemühte ich mich, kurze Ansprachen zu halten, besonders achtete ich darauf, ob die Leute mich auch verstünden. Ich machte dabei die Beobachtung, daß mir jetzt neue Worte leichter zufielen und sich mein Wortschatz immer mehr erweiterte.

Eine große sprachliche Hilfe wurde mir durch die Arbeit am Kirchenbau vermittelt. Mit den Maurern und Hilfskräften habe ich in einer Linie gestanden und wie sie gearbeitet, nur daß ich beim Antreten in der Morgenfrühe und nach der Mittagspause nicht in Reih und Glied mit ihnen stand, aber dann war ich auf dem Baugerüst wie die anderen. Es war überaus wichtig, Arbeit nachzukontrollieren und unsauber geleistete Arbeit wieder abzureißen. Die sogenannten Maurer hatten es erst zu lernen, mit der Wasserwaage umzugehen. Im ganzen waren wir bestrebt, die Arbeit tüchtig voranzubringen trotz Baufehler der Schwarzen. Im übrigen waren aber die Arbeiter überaus dankbar für die ihnen nachgewiesenen Fehler. Als ich dann später an die Herstellung gotischer Bögen über Fenster und Türen ging, und schließlich ein fast drei Meterbreiter Apsisbogen über einer großen Holzlehre geschlagen wurde, und die Bögen, nach Entfernung der Hilfsmittel, standen, schüttelten die Leute nur den Kopf.

Die Sache ging ihnen schwer ein.

Ich freute mich, daß Maas mir die Bauarbeit ganz übergab, weil er genug anderen Dingen verpflichtet war. Die Schwarzen hatten bei mir handwerkliche Fertigkeiten gelernt – obwohl ich nie Handwerker war – aber ich hatte eine Fülle sprachlicher Dinge gelernt, über die ich abends nachdenken konnte. 1907 war der Bau äußerlich soweit, daß der Handwerker, ein sehr geschickter Zimmermann, den Dachstuhl, ein Hängewerk, zimmerte und aufsetzte. Ich habe dem geschickten und gewandten Mann viel abgeschaut, was ich später verwenden konnte.

In der Trockenzeit 1907 wurde ich von Superintendent Schumann eingeladen, ihn auf einer Reise durch die Lulanga zu begleiten. Ich war voller Freude über diese Gelegenheit, meinen Horizont zu erweitern, außerdem war Schumann ein Meister der

Kibena-Sprache. Viel war bei ihm zu lernen, mit großer Bereitwilligkeit ließ er mich in seine sprachlichen Arbeiten hineinschauen. Es wurde eine Reise, die mir viel Freude brachte, mich viel Neues erfahren ließ und vor allem, mich mit Schumann freundschaftlich verband. Zuerst mußte ich nach Lupembe reisen, denn dort sollte die Reise beginnen.

Als alles gerichtet war, traten wir die große Safari an. Das erste Lager war der Iditima-Wald, der das Holz zum Aufbau der Station Lupembe geliefert hatte. Iditima ist ein Gebirge, dem sich in der Fortsetzung nach Norden das Udzungwa-Gebirge anschließt mit z.T. Steilabfällen in die Lulanga-Ebene. Dort gibt es viel Regen, weil die vom Südost-Passat herangeführten Wolken von dem Gebirge aufgehalten werden und sich in heftigen Regengüssen entlasten. Hinter Iditima ging es in die Lulanga-Ebene abwärts, ein Teil derselben heißt Masagati, wohin wir unsere Füße lenkten. Am Munyela-Fluß, der einer der Quellflüsse des Lufidji ist, machten wir Halt. Der Fluss ist sehr breit und stellenweise reißend. Diese Übergangsstelle war etwas berüchtigt, viele Leute hatten gerade an dieser Stelle den Krokodilen zum Fraß gedient. Wir warteten nun auf Einbäume, die uns über den etwa 100 Meter breiten Fluss bringen sollten. Nach der Überwindung dieses Flusses waren wir in der Landschaft Masagati. Es war ein hügliges Gelände mit sogenanntem Myombo-Wald geschmückt, der aber nicht zum Hochwald werden kann. Es gibt hier Lianengummi, den die Leute zapfen und zum Verkauf zu den Indern tragen. Unser Ziel war Sakamaganga, wo eine Häuptlingsfrau regierte und Schumann hoch verehrte.

Wir haben in ihrer Hauptstadt drei Tage zugebracht, ein Heidenfest hatte uns festgehalten, es war eine Veranstaltung zu Ehren eines gestorbenen Häuptlings. Uns interessierte dieses Fest, so blieben wir. Es wurde Tag und Nacht getanzt, zudem war es Vollmond, also die Zeit, in der große Veranstaltungen durchgeführt werden. Natürlich spielte dabei auch das Bier eine Rolle, das aus allen nur denkbaren Lebensmitteln hergestellt wird. Aus den Liedern, die zum Tanz gesungen wurden, klang die Totenklage heraus. »Auf Erden sind die Menschen gar viele, aber der Aufenthalt ist nur einer«, das war eine Sentenz, die sich immer wiederholte.

Eines Abends schauten wir dem Tanz eines Zitterers zu. Er befand sich in Ekstase wie ein Besessener. Der Schweiß perlte ihm aus allen Poren, dabei vibrierte jeder Muskel seines Körpers, als wenn er besonderen Gesetzen folgte. Er tanzte, bis er ohnmächtig zusammenbrach. Bei dem Fest prägte sich mir ein Erlebnis sehr ein, weil es nicht ohne Humor war. Bei dieser Trauerfeier wurden auch die Frauen des Verstorbenen vererbt, aber nicht wie die Sachen. Sie hatten das Recht, sich aus der Verwandtschaft den zu wählen, dem sie künftig gehören wollten. Ein etwas geckenhafter, in einem Kakianzug Ausgeputzter, hatte wohl gemeint von allen oder einer Frau gewählt zu werden, er ging aber leer aus. Das hatte ihn wohl geärgert, er verließ darauf den Kreis seiner Verwandten. Wir haben ihn nicht mehr gesehen. An der Vererbung der vielen Gebrauchsgegenstände des Verstorbenen: Speeren, Haumessern, Schilden u.s.w. hatte er kein Interesse.

Diese drei Tage haben mich sehr in die heidnische Lebensart hineinschauen lassen; für das, was ich nicht verstand, war Schumann der Erklärer. Unter den Eindrücken des Erlebnisses bei dem Heidenfest wanderten wir weiter. Wo es uns angebracht schien, die Nacht zu verbringen, schlugen wir unsere Zelte auf und redeten zu den zusammengelaufenen Schwarzen von ewigen Dingen. Die Lulanga-Ebene ist sehr heiß, dazu windstill. Für jene Gegend war es eigentlich Winterzeit, die Ernte war eingebracht und das Land knalltrocken. Über uns in den Bäumen hingen die Ranken der Juckschote. Die vielen braunen Schoten waren dürr; die Behaarung derselben löste sich bei jeder Luftbewegung. Sogar das Gehen der Wanderer bewirkte Erschütterungen, daß feine Sporen der Juckschote hernieder rieselten und wo sie sich auf den Körper setzten, ein entsetzliches Jucken hervorriefen. Wenn wir einmal kurze Rast hielten, achteten die Träger darauf, daß wir nicht unter einem Baum mit Juckschoten säßen oder abends dort unsere Zelte aufschlügen.

Für die Verpflegung der Träger, die unsere Lasten trugen, stand uns viel Wild zur Verfügung.

Es sind wohl die meisten Antilopenarten vorhanden. Der Reichtum an Wild ist z.B. in der Gegend von Makuva so groß, daß man gern das Gewehr schulterte und zum Lager ging mit der Erklärung: »Auf Ziegen mag ich nicht schießen!« Neben dem Reichtum an Antilopen gab es auch Büffel in großen Herden.

Es war an einem Sonntagmorgen; vor dem Sonnenaufgang flüsterten uns Schwarze zu: »Elefanten sind ganz in der Nähe!« Schnell waren wir aus den Feldbetten und folgten den Führern. Mit auf den Boden gerichteten Blicken schlichen sie leise dahin, es galt, die Fährte nicht zu verlieren. Uns klopfte das Herz. Schon lange waren wir unterwegs, ich war schon ungeduldig geworden. Da hob der eine Führer seine Hand hoch und deutete auf weiße Vögel, die gewöhnlich die Elefanten begleiten, von den Insekten auf dem Rücken des Elefanten leben und ihnen auch Warnungen vermitteln. Wir waren auf Elefanten gestoßen, bald kamen uns drei zu Gesicht. Sie standen außerhalb des Buschgürtels, etwa 60 bis 80 Meter von uns entfernt, auf einer lichten Stelle.

Auf dieser Safari, die am Fuße des Gebirges entlang nach Norden führte, hatten wir am Mgeta-Fluß die Stelle erreicht, von der wir ins Gebirge zurückkehren wollten. Es war ein reizender Buschweg, den wir am Mgeta entlang pilgerten. Schließlich fanden wir eine herrliche Stelle, von wo aus ein ziemlich steiler Weg hinauf nach Muhanga führt. Es war ein köstlicher Lagerplatz, und das Rauschen des Flusses war uns in der Nacht eine liebliche Musik.

Die Sonne war noch nicht aufgegangen, als einer unserer Begleiter bei den Zelten erschien und rief : »Kukye«. D.h. es fängt an hell zu werden. Bald war gefrühstückt, das Nachtquartier abgebrochen und alle Lasten verschnürt. Es ging in das Gebirge hinauf. Es gab auf dem Anstieg keine ebene Stelle zum Ausruhen. Immer wieder griff ich zur großen Kaffeeflasche, denn der Durst quälte mich mächtig. Schumann dagegen beherrschte sich, er sagte, er würde oben trinken. Wir haben dabei an Fritz Reuters nette Geschichte gedacht, wo einer sich bezwang, sein letztes Stück verschimmelten Brotes zu essen mit dem Zuspruch: »Moses, wenn du das Brot aufgegessen hast, bekommst du einen Schnaps«. Aber als es aufgegessen war, goss er den eingeschenkten Schnaps in die Flasche zurück und redete zu sich: »Moses, jetzt bist du betrogen!«

Schumann hielt den Aufstieg mit Selbstbeherrschung aus. Oben angekommen, ließ er sich durch seinen Kaffee belohnen. Ich konnte mich dagegen nur an einem kleinen Rest laben. Wir waren oben, unserem Auge erschloß sich das liebliche Muhanga-Tal. Wir fühlten uns warm angesprochen, denn es war Missionsland. Neuberg hatte hier einige Jahre zugebracht, er mußte aber 1898 oder 1899 Muhanga verlassen; rheumakrank siedelte er nach Milow über. Wir besuchten den alten Missionsplatz und fanden in einer Hütte die alte von Bolle gestiftete Glocke vor. Sie hatte eine Geschichte. In den Tagen des Aufstandes waren Aufständische aus der Lulanga-Ebene ins Gebirge gekommen, um die Hehe zur Beteiligung an dem Aufstand willig zu machen.

Leute aus Muhanga erzählten: Es war im Aufstand. Viele Vambunga waren eines Tages in einer Menge wie Wanderameisen aus der Ebene ins Muhanga-Land hinaufgestiegen. Die Leute flohen vor der Schar wilder Menschen. Nur ein Teil der Krieger aus dem Dzungwa-Stamm stellte sich zum Widerstand. Auf dem Missionsplatz spielte sich der Kampf ab. Die Übermacht war aber zu groß. Als einige Dzungwa gefallen waren, gaben sie den Streit auf und folgten den anderen Geflohenen ins Hehe-Hochland. Die Vambunga raubten und plünderten, sie bereicherten sich an den von den Fliehenden zurückgelassenen Sachen. Auf dem Missionsplatz stießen sie auf die Glocke aus den verflossenen Missionstagen. Diese sollte mitgenommen werden, es wurde gehofft, Pfeilspitzen daraus herstellen zu können. Die schwere Glocke, die wohl zwei Zentner wog, wurde gebunden und zum Abtransport fertiggemacht. Als viele Träger sie auf ihre Schultern legen wollten, fing die Glocke an zu reden. Die Vambunga erschraken, sie fürchteten einen unheimlichen Zauber, den sie aber nicht in ihr Land tragen wollten. Sie ließen die Glocke liegen, deren Klöppel sich scheinbar bewegt und einen Ton hervorgebracht hatte. Als später im Bemühen, die Spuren des Aufstandes zu beseitigen, ein Unteroffizier die Glocke fand, ließ er eine Hütte bauen und die Glocke in ihr sicherstellen.

Wir hatten in Muhanga einen sonnigen Tag. Das war eine Ausnahme, sonst gibt es jeden Monat Regen, dem tagelanger Nebel folgt, der noch unangenehmer als der Regen ist. Wenn die Sonne scheint, glaubt man einen Blick ins Paradies zu haben. Wenn dagegen das Land in Regen und Nebel gehüllt ist, glaubt man schwer gestraft zu sein.

Obwohl schon fast ein Jahrzehnt vergangen war seit den Tagen der Missionsarbeit, hoffte die Bevölkerung auf die Rückkehr evangelischer Missionare. Auch der Oberhäuptling Pangamasasi bat, sie nicht zu vergessen. Wir konnten nur der Hoffnung Ausdruck geben, daß eine Rückkehr zur Hehe-Dzungwa-Arbeit energisch betrieben werden würde.

Nach Muhanga gab es noch einige Stunden Gebirgswege zu passieren. Bei Manamsangu hörten die Wegschwierigkeiten und die Regenzone auf. Nach zwei Marschtagen waren wir in Iringa, der Militärstation des Bena-Hehe-Gebietes. Wir wurden freundlich aufgenommen. In den Tagen des Aufstandes hatten wir einander gut kennen gelernt. Als wir uns in Iringa verabschiedeten, war Hauptmann Nigmann gerade dabei, mit seiner Kompanie einen Marsch zu üben. Zum Abschied sagte er mir: »Nun sollen Sie, der Sie auch Soldat waren, einen Parademarsch der Askari sehen.« Unter den Klängen einer Askari-Musikkapelle zog die Kompanie stramm und wohl ausgerichtet vorbei. Ich war bewegt durch dieses Erlebnis, so daß mir die Tränen sehr nahe standen.

Jetzt ging es durch das Bena-Land Kidugala entgegen, das wir in etwa zehn Tagen erreichten. Heißer Dank erfüllte meine Seele: Ich hatte Schönes gesehen und war innerlich bereichert worden. Die Wichtigkeit der Missionsarbeit war mir auf der langen Safari von über einem Monat klar geworden.

In Kidugala gab es Arbeit genug. Die Innenarbeiten an der Kirche haben Monate in Anspruch genommen. Auch das Holz für Fenster und Türen, das in fünfwöchiger Waldarbeit 1906 hinter dem Fulaningi unter meiner Aufsicht geschnitten worden war, hatte gereicht, alle Holzarbeiten durchzuführen. Neben dieser Arbeit an der Kirche beschäftigte mich die Instandsetzung des Doktorhauses. Familie Clewe war nach Mukeka verzogen, um der Seminararbeit besser dienen zu können. Das verlassene Haus sollte meine Wohnung werden. Als es fertig war, verließ ich meine Stube im Wirtschaftsgebäude des großen Missionarshauses und siedelte fröhlich in das neue Heim über.

Am 8. April 1908 wurde die Kirche geweiht, sie war ein schmuckes Gebäude geworden.

Jetzt konnte ich daran denken, meinen eigenen Hausstand zu gründen. Ich durfte meine Braut in Daressalam abholen. Gegen eine Reise mit dem weiten Umweg über den Sambesi durch die African Lakes Corporation hatte ich mich ausgesprochen. Ich schlug vor, den billigeren Weg durchs Land zu benutzen. Meinem Wunsch wurde entsprochen. Am 13. Juni durfte ich meine Braut auf dem Dampfer in Daressalam in Empfang nehmen. Sehr schnell waren die Formalitäten auf dem Bezirksamt in Daressalam erledigt und am 14. Juni 1908 segnete mein Freund Rosenhahn unsere Ehe ein. Es gab viel Arbeit, die großen Kisten zu öffnen und den Inhalt zu Trägerlasten zu machen, die bequem getragen werden konnten. Darauf begann unsere einmonatige Hochzeitsreise mit Zelt durchs Land.

Das war herrlich, es gab viel zu sehen, wenn auch nachts in der Nähe unseres Zeltes Löwen brüllten. Nur bis Morogoro konnten wir die Bahn benutzen, weiter waren die Gleise noch nicht vorgetrieben. Wir reisten durch Ebenen und durch zerklüftetes Land, über gefährliche Gebirgspässe im Hehe-Land. Der Weg ging über Kilosa und dann nach Iringa. Wir haben nie das Gefühl gehabt, in besonderer Gefahr gestanden zu haben. Meine Frau hatte zum Transport die Maschila, während ich mir in Morogoro einen grauen Esel kaufte, der mich durch seine Faulheit plagte, so daß ich ihn in Iringa wieder verkaufte. Mochten sich andere mit ihm herumärgern.

Am 22. Juli 1908, gerade am Geburtstag meiner Frau, trafen wir in Kidugala ein. Wir erlebten einen herzlichen Empfang. Familie Maas waren wir auf dem Weg zur Küste begegnet, sie wollten in Deutschland ihren Urlaub verleben. Für die Zeit seiner Abwesenheit sollte ich in Kidugala Maas vertreten. In Kidugala hatten wir uns gut eingelebt, mit allen waren wir aus guten und schlimmen Tagen bekannt. Wir erfuhren viel Freude und Anhänglichkeit. Die Not war aber unserem Haus nicht fern geblieben. 1909 wurde uns ein Mädchen totgeboren.

In der Zeit vor meiner Verheiratung hatte ich die Freude, den Sohn der Familie Kyungu, die in Aufstandstagen nach Kidugala geflüchtet war, als Boy bei mir einzustellen. Wir hatten uns gut aneinander gewöhnt und in vielen Dingen, besonders in der Erlernung der Sprache, war mir der aufgeweckte Junge unentbehrlich geworden. Er war voller Fürsorge. Eine Begebenheit ist mir unvergeßlich geblieben. Ich wohnte schon in dem hergerichteten Doktorhaus, aber beköstigt wurde ich von Familie Maas, die etwa 400 Meter entfernt lebte. Diesen Weg hatte ich jeden Abend in der Dunkelheit zurückzulegen. Der Weg war mir trotz der Dunkelheit überaus vertraut; in der Finsternis wich ich allen Unebenheiten geschickt aus, ich habe den Weg nie unter den Füssen verloren.

Es war in der Regenzeit. Stockdunkel war es draußen, der Himmel hing voller schwarzer Wolken, kein Stern war zu sehen. Als ich den Wegknick erreicht hatte, an dem ich die Richtung etwas ändern mußte, sah ich rechts ganz dicht am Weg zwei Lichter. Es konnten nur die Augen eines Raubtieres sein. Darauf beflügelte ich meine Schritte, denn ich erkannte eine Gefahr, schließlich wurde ein Rennen daraus. Zielsicher fand ich die Steintreppe, die zur Veranda führte, auch den Schlüssel brachte ich gut ins Schlüsselloch. Dankbar fühlte ich die Sicherheit des Zimmers mit dem Gefühl, in einer Gefahr gestanden zu haben.

Am nächsten Morgen, als ich erwachte, stand Boymakuva in meinem Schlafzimmer, er sagte: »Ich habe auf dem Weg in dem regennassen Sand die Abdrücke deiner Schuhe gesehen. Darin sah ich die Tatzenspuren eines großen Leoparden, die ich bis zur Treppe verfolgen konnte.« Jetzt wurde mir klar, daß das Raubtier mir bis zum Haus gefolgt war, nur den Sprung auf die Veranda hatte es nicht gewagt. Solche Begegnung mit einem Raubtier ist nicht alltäglich. Es gibt Leute, die viele Jahre in Afrika zubringen, ohne ein wildes Tier gesehen zu haben, zudem war Kidugala ein bewohnter Platz, wo man keine Gefahren vermutete.

Am nächsten Tage mußte ich wieder in der Dunkelheit nach Hause gehen mit dem Bedauern, die Stallaterne nicht mitgenommen zu haben. Es saß mir doch noch etwas Unbehagen in den Gliedern. Als ich ins Freie trat, stand plötzlich Boymakuva mit der Laterne vor mir. Die Verbundenheit mit mir hatte ihn bestimmt, mich abzuholen und nach Hause zu begleiten. Daß der Junge aus eigener Entscheidung so fürsorglich handelte, war mir sehr wohltuend. Sehr dankbar empfand ich die innere Brücke, die sich zwischen zwei Menschen verschiedener Abstammung gebildet hatte. Das war Gottes Wirken, die verbindende Kraft stammte von ihm.

Mit Leoparden haben wir später des öfteren Berührungen gehabt. Es war nach unserer Verheiratung. Zu unserem Haushalt gehörte auch eine kleine Anzahl von Rindern und Schafen. Eines Tages gegen Abend trieb der Hirte die Tiere ein. Plötzlich sprang ein Leopard hervor und riß ein Schaf, dann war er wieder verschwunden. Es war kurz vor Sonnenuntergang. Es fehlte an Zeit, eine Selbstschußfalle zu bauen, die unserer Erfahrung entsprach. Ich folgte den klugen Gedanken der Schwarzen, schnell eine provisorische Falle herzustellen. Zwei oben gegabelte Hölzer wurden in die Erde getrieben. In die Gablungen wurde das Gewehr gelegt, der Abzug des Gewehres wurde an einem hinter dem Schießzeug stehenden Baum befestigt. Zu beiden Seiten des Gewehres wurden kurze Hölzer in die Erde geschlagen und darauf Dornen in reicher Menge gelegt. Nur die Öffnung der Waffe war frei. An sie wurde ein Stück von dem geschlagenen Schaf als Lockspeise gebunden. Damit war die Falle fertig. Die Leute wurden ermahnt, ihre Neugierde zu zähmen. Wenn ein Schuß losgehen sollte, am Morgen würden wir sehen, was sich ereignet hätte.

Alle gingen nach Hause. Ich hatte gerade meine Hand auf die Klinke meines Zimmers im nahen Haus gelegt, als plötzlich ein Schuss fiel. In aller Frühe des neuen Tages riefen mir schon Leute durchs Fenster zu, der Leopard läge nicht weit von der Stelle verwundet im Gras. Ich nahm mein Gewehr und ging hinaus. Obwohl ich nur etwa acht Meter von dem Raubtier entfernt stand, war es mir unmöglich, das Tier zu erkennen. Es war die Schutzfärbung, die das gefährliche Tier schützte. Erst in dem Augenblick, wo es zum Sprunge auf mich ansetzte, wurde es deutlich; ich konnte ihm den Gnadenschuß geben. Als der Leopard, ein altes Tier, abgebalgt war und der Kadaver vergraben werden sollte, kamen einige Leute aus Kipengele vorbei, sie baten, ihnen das abgezogene Tier zu überlassen. Sie trugen es davon und verzehrten es, nicht aus Lustgefühl, sondern in dem Bewußtsein, sich durch Verzehren der Muskeln Kräfte aneignen zu können, die sie befähigen würden, erfolgreich gegen Raubtiere anzugehen. Dieses Vorkommnis sagte mir deutlich, wie stark der Animalismus sie erfüllte. In Bäumen, Steinen und Tieren, auch in Menschen stecken dennoch Seelenstoffe, die man sich zum Schutze des eigenen Lebens dienstbar machen kann.

Recht unruhevolle Tage gab es in Kidugala, als in der Gegend die Pocken ausbrachen. Die Pockenseuche hat schon in zurückliegenden Jahren oft Verderben über die Bevölkerung gebracht, so daß viele starben. Die Leute baten auf der Missionsstation um Hilfe, weil ihnen schon oft geholfen worden war. Wir standen in derselben Gefahr wie die Leute des Landes, wir wußten nicht, ob frühere Impfungen bei uns noch wirksam wären. Ein Notruf ging zu der etwa zehn Tagereisen von uns entfernten Militärstation. Schließlich machten sich zwei mit dem Impfstoff versehene Leute auf den Weg nach Kidugala mit der Weisung, die starke Sonnenbestrahlung am Tage zu meiden und die heißen Stunden des Tages im Schatten zu verbringen, aber das wertvolle Medikament, das mit Stoff umbunden war, beim Übergang eines Baches ins Wasser zu tauchen. Die Lymphe kam an, wir impften uns selbst mit Erfolg. Es wurde bekannt gegeben, daß Gelegenheit vorhanden sei, sich impfen zu lassen. Viele Tage stand ich vom frühen Morgen bis zum späten Abend auf dem Hof, die vielen Menschen, die sich eingefunden hatten, zu behandeln. Wie viele Leute der Seuche zum Opfer gefallen waren, haben wir nicht erfahren, aber vielen Menschen, Männern, Frauen und Kindern, konnte geholfen werden. Recht bange Tage waren vorübergegangen, wir alle durften danken.

Alles, Gutes und Böses, hat geholfen, mit der Bevölkerung innerlich zu verwachsen.

Die Regenzeit setzt gewöhnlich Ende November oder im Dezember in jener Gegend ein, jedenfalls kurz vor dem Weihnachtsfest. Die Bevölkerung suchte und glaubte an den Zusammenhang zwischen beiden Gegebenheiten. Wenn Leute aus der ferneren Umgebung sich unterhielten: »Wann mag wohl der erste Regen fallen, der die Ackerperiode einleitet?«, erwiderten andere: »Fragt doch den Weißen in Kidugala, er weiß den Tag, an dem Weihnachten gefeiert wird!«

Obwohl der Regenmacher ganz nahe wohnte, dessen Hilfe man sehr begehrte, wenn der Regen ausblieb, und die Zeitnot ihm durch Opfergaben große Vorteile brachte, gewöhnte die Bevölkerung sich daran, dem Walten Gottes ihre Aufmerksamkeit zuzuwenden.

Da mir neue Aufgaben gestellt wurden, mußte ich von Kidugala scheiden. Wenn ich die fünf Jahre, die ich hier verbrachte, überschaue, dann ist mein Weg über Höhen und durch Tiefen gegangen. Es waren Höhepunkte, wenn ich wie ein stolzer Reiter dahinziehen durfte, aber dann gab es Momente, wo die tausend Plagen und die große Jammerlast, die eine Not der Menschheit ist, auch meinen Weg überflutete und überschattete, so daß einem um den Ausgang bange wurde. Endlich spürte man aber die leitende Hand Gottes, daß er recht führte, in Dunkelheiten Licht brachte und gelernt werden konnte: »Amen, ja es soll geschehn, Jesus wird heut mit uns gehn, und wir werden fröhlich sehen, daß er uns nicht läßt allein!«

Da meine Frau ein Kind erwartete, blieb sie vorerst in Kidugala zurück. Auch von meinem treuen jungen Freund und Helfer Boymakuva war es ein Abschied. Für ihn begann die ernste Lehrzeit in den Mittelschulen von Kidugala und Lupembe.

Später wurde er getauft und wählte den Namen Ananidze, d.h. »Gott hat mich errettet.«

Es geht neuen Aufgaben entgegen

Es war ein ehrenvoller Auftrag, der mir zuteil wurde. Von der Missionsleitung in Berlin war ich bestimmt worden, im Hehe-Land eine Station aufzubauen, die den Namen »Pommern« tragen sollte. Der pommersche Pastor Haegeholz hatte sich für diese Gründung eingesetzt und in Pommern die Werbetrommel geschlagen. Der Auftrag, diese Arbeit zu beginnen, hat mich sehr beglückt, weil ich zu den Gründern einer Missionsstation werden sollte, um Pionierarbeit zu leisten.

Neuberg und ich begaben uns auf die Reise, um einen besseren Platz als Muhanga zu suchen. Uns fesselte das gut bevölkerte Muhanga-Udzungwa-Gebiet. In seiner Nähe wollten wir auf jeden Fall bleiben, weil es auch den Wünschen der Dzungwa-Leute entsprach. Muhanga schaltete aber nach den Erfahrungen der Rheumaerkrankung Neubergs aus. Udzungwa ist ein Kettengebirge. Es bestand die Meinung, es wäre nötig, hinter die hohe Kette zurückzugehen mit der Annahme, auf der Seite, etwa eineinhalb Stunden von Muhanga entfernt, würde man weniger Regen haben, so daß

Feuchtigkeit und Nebel weniger lästig werden. Zudem hatten wir in den Tagen der Erkundung gutes Wetter. Wir beschlossen den Hügel Ilutila, im Mukangadza-Tal, in Aussicht zu nehmen.

Nach Festsetzung des Platzes mußte bald mit der Herrichtung der provisorischen Häuser begonnen werden, damit unsere Übersiedlung noch vor dem Beginn der Regenzeit erfolgen konnte. Von der Missionsleitung war als Helfer beim Aufbau der Tischler Wilhelm Kusche entsandt worden. Ich nahm ihn in Iringa in Empfang, und wir gingen nach Ilutila. In dem gebirgigen Gelände, in dem sogar beim Aufbau eines Zeltes schon einige Erdarbeiten nötig waren, mußte die Kuppe einer Erderhöhung abgetragen werden, um den Platz für drei Häuser (Wohnhaus, Küche und Werkstätte) zu gewinnen. Die Häuser wurden nach der Art der Schwarzen errichtet mit dem Material, das auch diesen nur zur Verfügung steht. Mit Hilfe von Leuten aus den Landbezirken Kidugalas ging die Arbeit schnell voran.

Die Leute des Gebirgslandes fanden sich mit der Annehmlichkeit ab, nur Zuschauer zu sein. Wo sie sich zur Arbeit willig zeigten, halfen sie nur tageweise, weil ihnen sonst der Rücken kaputtgegangen wäre. Außerdem entstand ein langer Schuppen als Unterkunft für die Bena-Arbeiter und ein gottesdienstlicher Raum für Morgenandachten und Gottesdienste. Nebenbei bemühte sich Kusche, im nahegelegenen Wald das Holz für die künftigen festen Häuser vorzubereiten. Da im Mukangadza-Tal Lehm zur Herstellung von Ziegelsteinen nicht aufzutreiben war, fanden wir das leider nicht wertvolle Material im Lukosse-Tal, zwei Stunden von Ilutila entfernt. Es wurde in Körben auf den Köpfen vieler Bena herangetragen. Wir mußten mit dem Lehmmaterial zufrieden sein. Leider mußte das Formen der Steine unter dem Dach eines großen Schuppens erfolgen. Es kamen auch hier große Regenschauer hernieder, so daß es oft nötig war, die am Tage zuvor geformten und durch die Nässe aufgeweichten Steine erneut in die Knetlöcher zu werfen. Sehr mühsam ging die Arbeit voran. Als das unter Enttäuschungen zusammengetragene Material zum Brennen zusammengesetzt worden war, wurde es wichtig, auch über dem Ofen ein Schilfdach zu schaffen.

Jeder Tag war voller Probleme. Wie lachte unser Herz, wenn die Sonne schien. Ein schöneres Land mit herrlichen Wäldern ringsum konnte es kaum geben, aber sehr schnell kräuselten sich Nebelschleier über der Bergkette, die uns von Muhanga trennte. Bald folgten zu unserer Betrübnis Regen und oft recht stramme Güsse. Wir hätten gern in der Morgenfrühe im Blick auf strahlende Sonne Paul Gerhardts Lied von der güldenen Sonne gesungen. Nur sehr selten war uns dieses Glück beschert worden. Wir hofften von Tag zu Tag, daß es mal anders werden möchte.

Schließlich war es soweit, daß ich mich entschließen konnte, nach Kidugala zu reisen. Dort erlebte ich die Geburt unseres Söhnleins Heinz am 15. Oktober 1910, die uns sehr beglückte. Meine Frau erholte sich schnell. Nach der Taufe begann die Arbeit zur Vorbereitung für den Umzug. Wir zogen über Mufindi, begrüßten dort unsere Freunde Schneider. Er war vordem ein Helfer in Bausachen und hatte der Mission treu gedient; aber jetzt hatte er sich in Mufindi eine Farm eingerichtet und betrieb dazu sein Tischlerhandwerk zur Freude vieler Weißer.

Auf dem Weg begleitete uns Boymakuva, er kümmerte sich um den Esel. Von Mufindi aus wanderten wir auf schönen Gebirgspfaden dem Udzungwa-Gebirge zu. Besorgt schauten wir zum Himmel empor, denn dunkle Wolken ballten sich jeden Tag immer schwärzer, sie zeigten uns, daß die Regenzeit sehr nahe sei. Im Ganzen hatten wir zehn Tage zu wandern und die Nächte im Zelt zu verbringen. Endlich waren wir am Ziel. Am 9. Dezember 1910 hatten wir Ilutila erreicht. Wir waren gerade angekommen, da öffneten sich die Schleusen des Himmels und ein wolkenbruchartiger Regen ging hernieder. Die Regenzeit hatte eingesetzt. Einige Tage verweilte Boymakuva noch bei uns, dann nahm er Abschied. Es war uns recht wehmutig zumute, als er, der uns jahrelang treu gedient hatte, aus unserem Gesichtskreis schwand.

Wir waren allein mit unserem Helfer, Herrn Kusche, in einem Land, in dem wir erst heimisch werden mußten. Unser handwerklicher Helfer benutzte die Regenmonate, um die Tischlerarbeiten, die Herstellung von Türen und Fenstern zu betreiben, während ich mich darum bemühte, mit den Leuten bekannt zu werden. Mit den Angesehenen im Gebirge wechselten wir Begrüßungsgeschenke. Im Allgemeinen zeigten sie im Unterschied zu den Bena eine herrische, selbstbewusste Art. Diese war es auch, die sie veranlasste, sich durch besondere Zurückhaltung dem Weißen gegenüber nichts zu vergeben. Jedoch zeigten sich die Leute freundlich. Wir trauten der herzlichen Verbundenheit, die sie vor mehr als einem Jahrzehnt mit Neubergs hatten, daß es auch uns geschenkt werden möchte, den Menschen mit der Evangeliumsbotschaft näher zu kommen.

Jeder Besuch von Kranken, die täglich um Medizin vorsprachen, mußte uns zu einem Mittel werden, in das Herz der Bevölkerung hineinzuschauen. Eines Tages erschien bei uns ein Mann mit der Bitte, seinem Kind Medizin zu geben, es läge daheim sehr krank, Eiter flösse aus seinem Mund. Ich sagte dem Mann, daß seine Frau mit dem Kind zu uns kommen möchte, damit es einige Tage unter unserer Fürsorge stünde. Er erklärte, daß das nicht ginge, besser wäre es, wenn ich zu dem Kind käme. Nach seiner Beschreibung konnte der Weg zu seinem Haus nicht weit sein. Ich rüstete mich, ihn zu seinem Haus zu begleiten. Es war aber doch ein sehr langer Weg. Die Luftlinie mag nicht allzu lang gewesen sein, aber die Berge und Täler, die Kreuz- und Querwege nahmen viel Zeit in Anspruch, so daß ich immer zum Himmel schaute mit Sorge, ich könne vielleicht vor Sonnenuntergang nicht mehr daheim sein. Endlich war die Hütte erreicht.

Am Feuer saß die Mutter, in ihren Armen lag das röchelnde Kind, dem der Schleim aus dem Mund lief. Nach einem Hals- und Brustumschlag sagte ich der Frau, sie möchte am nächsten Morgen zur Station kommen, sonst müsse ihr Kind vielleicht sterben. Der Vater des Kindes begleitete mich wieder zurück, allein auf mich gestellt hätte ich vielleicht den Weg nicht gefunden. Ich zweifelte, daß die Frau kommen würde, weil es zuviel Aberglauben unter der Bevölkerung gab. Aber am nächsten Morgen erschien die Mutter mit ihrem Kind mit der Absicht, einige Tage bei uns zu bleiben. Das Kind wurde in warme Tücher gepackt und behandelt. Zu unserer Freude genas das Kind. Nach einigen Tagen konnte die Mutter mit einem gesunden Kind den Heimweg antreten.

Die Frauen der Gegend waren gewiß sehr verwundert, als sie hörten, daß sie mit ihrem Kind den Weg gewagt hatte. Kopfschüttelnd wurde ihr Tun beurteilt. Wie konnte sie es nur wagen, mit einem kranken Kind einen Bach zu überschreiten, ja, sie hatte sogar mehrere überschreiten müssen. Nach ihrem Aberglauben mußte das den Tod des Kindes bedeuten, und jetzt war die Frau mit einem gesunden Kind nach Hause gegangen. Wir waren froh und dankbar über diesen bescheidenen Erfolg, vielleicht war aber der Familie zum Bewußtsein gekommen, daß es Dinge gibt, die über der Macht des Medizinmannes oder heidnischer Gewalten stehen. Gott hat uns seine Hilfe nicht versagt, wir haben in Schwachheit in vielen Dingen zu helfen vermocht.

Die Glocke, von dem Wohltäter aus Berlin, dem sogenannten Milch-Bolle, gestiftet, lag noch in Muhanga. Zum Weihnachtsfest 1910 sollte sie herbeigeschafft und auf dem neuen Platz geläutet werden. Muhanga-Leute waren bereit, sie über den hohen Berg zu schaffen. Es gehörten viele Leute dazu. Einige Tage vor dem Fest traf sie ein. Der Glockenstuhl war vorbereitet, sie wurde aufgehängt. Am Heiligabend ließ sie ihre Stimme erklingen, der Ton schallte von allen Seiten zurück. Er klopfte an die Hütten der Leute und gab Kunde davon, daß einer zu ihnen reden möchte. Der Einladung, sich zum ersten Festtag zum Hören der Weihnachtsbotschaft einzufinden, war eine kleine Schar gefolgt. Nun läutete die Glocke jeden Tag ein, sie rief zur Arbeit und zur Andacht.

In den Monaten der Regenzeit saßen wir auf dem Platz von Wasser eingeengt, denn alle Bäche waren voll, zum Teil waren sie übergetreten. Das Abgeschnittensein fühlten wir als eine Bedrückung, aber wir hofften. Wenn auch die Regenzeit viel Wasser über uns ausgeschüttet hatte, so kam danach die Sonne und grüßte uns, aber in der sogenannten Trockenzeit folgten den Sprühregen die entsetzlichen Dauernebel.

Endlich war die Regenzeit zu Ende, nun sollte der Bau des ersten festen Hauses beginnen. Im Tal wurden Ziegelsteine geformt und gebrannt und oben auf dem Wohnplatz wurden sie auf einem guten Fundament von Feldsteinen vermauert. Es war aber sehr schmerzlich, daß der Sprühregen unten und oben störte. Es ist keine Schicht an dem Bau gelegt worden, der nicht der Regen schadete. Die nicht sehr festen Steine nahmen die Feuchtigkeit wie Schwämme auf und hielten sie fest. Es wurde mit Nachdruck gebaut, die Wände hochzubringen, damit der Dachstuhl aufgesetzt werden konnte und der gute Kamin im Haus die Nässe vertreiben möchte. Das mit Wellblech eingedeckte Haus war endlich fertig, es wurde bezogen, aber die Feuchtigkeit blieb. Überall zeigte sich Schimmel. Der Feuchtigkeit war nicht Herr zu werden.

Darüber erkrankte unser Heinz an Blutruhr, es bestand Lebensgefahr. Der Stabsarzt in Iringa wurde zu Rat gezogen. Als die Krankheit nicht weichen wollte, ordnete er eine Erholung in Iringa an, das eine wirkliche Trockenzeit hatte. Meine Frau fand mit unserem Heinz Aufnahme bei der befreundeten Familie Greiner. Bald stellte sich eine Besserung ein, die meine Frau veranlaßte, ins Gebirge zurückzukehren, aber mit dem Erfolg, daß die Krankheit sich sofort wieder einstellte. Erneut mußte sie Zuflucht in Iringa suchen. Sie hat dort nicht nur Wochen, sondern Monate zugebracht. Der Arzt war der Meinung, die Verhältnisse im Gebirge seien so übel, daß nur eine Verlegung der Station in Frage komme.

Im Jahre 1912 kam der damalige Missionsinspektor D. Axenfeld als Visitator nach Ostafrika. Er überzeugte sich von den die Gesundheit gefährdenden Gegebenheiten. Die Verlegung der Station wurde beschlossen. Zudem hatte sich herausgestellt, daß der Aktionsradius für die Missionsarbeit vom Gebirge aus zu klein war. Die schweren Regen in den Regenmonaten gaben wenig Möglichkeiten, aus dem Gebirge herauszukommen, um anderen Gebieten im weiten Hehe-Land zu dienen. Missionsinspektor D. Axenfeld, Superintendent Schumann und ich überlegten die Sache nach neuen Gesichtspunkten und beschlossen, einen neuen Platz außerhalb des Gebirges im Hochland, der in der Trockenzeit wirklich regenfrei ist, zu suchen. Wir fanden ihn in der Landschaft Ihemi und machten uns klar, wenn es uns unmöglich war, in den Regenmonaten schwer aus dem Gebirge herauszukommen, so war es doch von dem Hehe-Hochland jederzeit möglich, von allen Seiten nach Udzungwa hineinzukommen.

Am 24. Juni 1912 wurde der neue Platz zum Aufbau für »Pommern« ins Auge gefasst. Der Platz Ilutila bekam den Namen Neustettin. Er sollte ein wichtiger Platz für Udzungwa sein, und er ist es auch geblieben.

Wieder mußte eine provisorische Anlage aufgebaut werden. Vor der Regenzeit mussten die nötigsten Häuser fertig sein. Da kein Regen uns in den Trockenmonaten hinderte und Helfer aus dem Bena-Land sich in ausreichendem Maße zur Verfügung stellten, ging alles gut vonstatten. Neben der provisorischen Bauarbeit mußte auch die Wasserfrage gelöst werden. Der Muhambili-Bach wurde zum Teil abgeleitet. Es entstand eine etwa sechs Kilometer lange Wasserleitung, die am Ende wieder in das Bachbett einmündete, an einer Stelle an der später zwei Ziegeleien entstanden und uns ohne Not das erforderliche Baumaterial lieferten. Am Laufe der Wasserleitung war leicht die Stelle zu finden, die sich zur Anlage der Station eignete, so daß wir reichlich Wasser, etwa 20 Meter vom Haus entfernt, hatten. Hier gab es keine Behinderungen der Arbeit. Darüber vergaßen wir bald die im Gebirge erlebten Schwierigkeiten.

Gleich nach der Regenzeit 1913 wurde der Bau des ersten Hauses, des Wirtschaftsgebäudes in Angriff genommen. In diesem Jahre besuchte uns Pastor Haegeholz aus Pommern, er wollte sich von dem Fortgang der von ihm betriebenen Arbeit in Ostafrika überzeugen und außerdem seine Missionskenntnisse erweitern. Er hat sogar eine Reihe von Tagen auf dem Baugerüst gestanden, um seine Mithilfe an dem Aufbau der Station »Pommern« unter Beweis zu stellen. Er hatte keinerlei Hemmungen; im November 1913 konnte das Haus, das vier Räume und ein Badezimmer hatte, außerdem noch einen Backofen und einen Vorratsraum besaß, bezogen werden.

Ferner war ein nach afrikanischer Art gebautes Boyhaus als Unterkunft für Bedienstete entstanden und ein gleiches als Werkstätte mit einem schönen Wohnraum für Herrn Kusche.

Es war uns eine große Freude, im November das schöne trockene Haus beziehen zu können. Inzwischen hatte auch eine Nyassa-Bundschwester bei uns in »Pommern« ihren Einzug gehalten. Neben der Hilfe in Krankheitsfällen war sie angewiesen worden, sich am Schulunterricht zu beteiligen. Im Obergemach des Hauses hatte sie ihre Wohnung erhalten. Sie war eine Hilfe zur rechten Zeit, denn am 30. November 1913 bekam unser Heinz ein Schwesterlein: Gerda.

»Pommern« war ein Platz im Hehe-Hochland, in dem der Baumwuchs fehlte. Den oft starken Winden in der kalten Zeit mußte Einhalt geboten werden. Das geschah dadurch, daß nach der Ostseite zu, eine Baumanlage geplant wurde. In der Regenzeit 1913/14 wurde viel angeforstet. Der Samen der Gerberakazie ging gut auf, dazu wurden die in Kisten gezogenen Zypressen-Setzlinge ins freie Land gebracht und ein etwa 400 Meter langer Weg bepflanzt. Von den Zypressen hoffte man, daß sie in späteren Jahren bei Holzknappheit Bauholz liefern möchten.

Der Erste Weltkrieg

Aus der Unruhe in der Missionsarbeit wurden wir in die Aufregung des Krieges hineingeführt. Daß die Not der feindlichen Auseinandersetzungen in Europa auch gewaltig an unsere Türen klopfen würde, haben wir nicht geahnt. Wir hofften, daß Ostafrika außerhalb des Krieges bleiben würde. Das war eine Täuschung.

Der Krieg war da. Als gedienter Soldat hätte ich mich auch der Truppe zur Verfügung stellen müssen. Ich sollte aber im Lande bleiben. Das Gouvernement hatte angeordnet, da ich als einziger Deutscher in der Lage sei, die Hehe-Sprache zu reden. So hatte ich die Aufgabe, zur Beruhigung des Landes beizutragen.

In den Jahren 1893 bis 1897 waren die Hehe in Aufruhr. Der Großsultan Mukwava war die Seele des Aufstandes. Seinem großen Einfluß mit einer sagenhaften Begabung mußten sich die Hehe allerorts beugen, und die Leute haben es gern getan, denn sie verehrten ihn. Erst als er von Askari-Truppen im ganzen weiten Hehe-Land gejagt wurde und nicht mehr aus noch ein wußte, verübte er Selbstmord. Über einem brennenden Holzstoß erschoß er sich, auch im Tode wollte er nicht in die Hände der Deutschen fallen. Mit seinem Tod war der Aufstand zu Ende.

Nach jenen Ereignissen von damals rechnete das Gouvernement mit einer Erhebung der Hehe. Ich genoß soviel Vertrauen, daß man meinte, ich könnte mit meinem Ansehen im Land einer eventuellen Unruhe Einhalt gebieten. Da die militärischen Unternehmungen auch eine Verpflegungsfrage waren, wurden mir Hunderte von Säcken zur Verteilung im Gebiet des Häuptlings Udzungwa übersandt. Dieses an Nahrung reiche Land, weil Früchte das ganze Jahr hindurch wachsen konnten, lieferte gern Lebensmittel wie z.B. Mais und Bohnen. Die Ablieferer, die eine gute Entlohnung bekamen, zogen über »Pommern«. Auf der Waage wurden die Lasten auf 60 Pfund gebracht, und das Überschüssige hatten die Träger zum Eigenverbrauch. Das waren kleine Dienste, die wir nach zwei Seiten hin gern leisteten.

Die Befreiung vom Militärdienst wurde von mir dankbar hingenommen, sie kam der Missionsarbeit zugute. Das war umso dankenswerter, weil die katholischen Stationen ihre volle Besetzung behielten. Die Gefahr der Überflügelung des »Pommern-Werkes« wäre gewiß erfolgt. Die Helfer aus Kidugala wären ohne Führer gewesen. Daß ich bleiben durfte, hat mich sehr froh gemacht.

Für die Station »Pommern« in Uhehe hatte gewissermaßen Kidugala die Patenschaft übernommen. Die fünfjährige Lehrzeit, die ich in Kidugala durchgemacht hatte, dazu das Zusammenleben mit den Menschen im großen Kidugala-Bezirk hat wohl dazu beigetragen, daß nicht nur Helfer in der Verkündigung herzugeeilt waren, sondern daß sich auch Arbeiter zum Aufbau reichlich zur Verfügung stellten. Die Bena-Helfer im fremden Hehe-Land bedurften besonderer Aufmerksamkeit. Es mußte ihnen immer wieder Mut gemacht werden.

Einst waren sie die »Hunde« der Hehe und jetzt konnte es ihnen als Überheblichkeit ausgelegt werden, Vorbilder einer neuen Lebensart sein zu wollen. Das mußte stets im Auge behalten werden. Wenn die Katholiken sehr freigebig mit Geschenken waren, so konnten wir in der Gewissheit, auch Großes zu besitzen, nicht in ihre Fußspuren treten. Um die Freudigkeit der Mitarbeiter aus Kidugala zu stärken, hatte ich sie bald nach ihrem Eingelebtsein mit ihren Schulkindern in die Landschaft Igangasenga ins Munete-Tal gesandt. Vom Gebirge her war die Landschaft leicht zu erreichen, unter Umständen konnte man dort auf viele Elenantilopen stoßen und etwas jagen. Wenn auch im Gebirge, selbst in Hungerjahren anderer Gebiete, kein Hunger durch Dauerregen aufkommen konnte, so gab es jedoch in jenem Landstrich keine Rinder. Kleinvieh, besonders Ziegen, wurde nur selten geschlachtet. Im Großen und Ganzen war Fleisch ein nicht alltägliches Nahrungsmittel, obwohl man es sehr begehrte. Die Lehrer erschienen zahlreich mit Kindern. Nach erfolgreicher Jagd waren die Helfer in der Lage, ihren Schülern reichlich Fleisch zuzuteilen.

Durch meine Zurückstellung vom Militärdienst hatte ich einen besonderen Grund, Reisetätigkeit auszuüben. In erster Linie lagen mir die Helfer am Herzen. Da wir bei Kriegsausbruch am Bau des großen Wohnhauses waren, das rechtwinklig am Wirtschaftsgebäude stehen sollte, gab es in den Monaten der Trockenzeit soviel zu tun, daß ich nur für kurze Zeit fortgehen konnte. In den Regenzeiten durfte ich größere Reisen unternehmen.

Einmal war ich in die Lulanga hineinmarschiert, um bei Vuhenga in das Gebiet des Häuptlings Mugwadila hinaufzusteigen. Etwa 500 Meter über der Lulanga-Ebene zeltete ich. Die Nacht war schon längst gekommen, da stolperte draußen jemand über die Zeltstricke, bald klatschte einer gegen die Zeltwand, er sprach seinen Gruß. Ich erhob mich von meinem Lager und knöpfte das Zelt auf. Draußen stand ein Mann mit einem Korb voller Mais, es waren Erstlingsfrüchte aus dem Sommergarten. Es war Mutatuluvala, ein Unterhäuptling, den ich in der Nacht zum ersten Mal sah. Ich fragte nach seinem Begehr, er sagte: »Du weißt, daß wir Euch zugetan sind, mache doch unseren Häuptling Mugwadila stark, sich von den Katholiken nicht umgarnen zu lassen.« Welche Freude hatte mir der nächtliche Besuch gebracht. Am nächsten Tag begegnete ich Mugwadila in seinem Häuptlingsdorf. Es war alles in bester Ordnung.

In einem anderen Jahr unternahm ich wieder eine Reise in der Regenzeit nach Mgeta. Diesmal mußte ich im Anschluß nach dem Besuch mehrere Tage durch die Lulanga durch Wasser waten. Es war soviel Regen gefallen, daß der Kilombelo-Strom das Wasser nicht fassen konnte. Die ganze Ebene war von Wasser bedeckt. Die Bewohner sind darauf eingerichtet und wohnen in Häusern, die auf Pfählen stehen, die sie auf Leitern ersteigen. Im engen Raum wird oben geschlafen und gekocht. Das für den täglichen Gebrauch erforderliche Wasser wird von der Überschwemmung genommen. Ich und meine Begleiter mußten im Wasser laufen. Da dem Gebirge viel Wasser entströmt, sind die Zuflüsse in die Ebene recht vertieft. Etwaige im Wasser vorhandene Krokodile wurden mit einigen Schüssen aus der Pistole vertrieben, um mich dann durchs Wasser tragen zu lassen.

Ich war froh, daß ich nach dieser Wasserpartie endlich Makuva erblickte und am nächsten Tag den Ngunami emporklettern konnte. Alle mussten bei diesem Aufstieg Vorsicht walten lassen, der Weg führt an gefährlichen Steilhängen entlang, die einen zwangen, im Gras links des Pfades einen Halt zu suchen. Als ich die Höhe erreicht hatte und zum Gebirgsdorf gekommen war, fand ich meinen Esel vor, den mir meine Frau entgegen geschickt hatte. Wegen der Tsetzefliegengefahr war es nötig, ohne Reittier zu reisen, jetzt war die Annehmlichkeit gegeben, den letzten Tag der Safari auf dem Eselrücken zu verbringen. Leider mußte ich mich mit dem Esel begnügen, denn das Pferd war von der Militärverwaltung requiriert worden. Es sollte an der Kampffront am Nyassa-See einen Stabsarzt tragen.

Das Verlangen, nach Pommern zu kommen, war bei dem Esel genau so stark wie bei mir. Nach Erledigung aller wichtigen Dinge bestieg ich am Morgen ein sehr aufgeregtes Tier, es sauste mit mir davon. Noch in Sichtweite des Dorfes kam es in ein steiles Ameisenloch des aufgeweichten Bodens und fiel. Ich stürzte auch und schlug mit dem Ellbogen auf einen Stein. Durch den Sturz war der rechte Unterarm aus dem Gelenk gesprungen, er schmerzte. Die Leute brachten mich in eine nahegelegene Hütte und drückten ihr Bedauern aus. Das Anerbieten eines Schwarzen, mir den Arm einzurenken, lehnte ich ab. An einen Ritt nach »Pommern« war nicht mehr zu denken. Ein nach der Station geschickter Bote kehrte am späten Abend mit der Hängematte zurück. Ein Nachtmarsch nach Hause konnte nicht erfolgen, weil wir vor einem Bach standen, der durch einen Tropenregen zu einem reißenden Fluß geworden war. Am nächsten Morgen war der Übergang möglich. Nun ging es im Laufschritt »Pommern« entgegen, wo meine Frau besorgt auf mich wartete. »Wer soll den ausgerenkten Ellbogen wieder einrenken?«, das war die besorgte Frage. Der Stationsarzt von der Militärstation Iringa befand sich an der Front, und Kidugala, wo ein Missionsarzt war, lag weit entfernt. Wie sollte ich allein dahin kommen? Der uns befreundete Hauptmann Styx fand den Ausweg. Er schickte den Sanitätsunteroffizier, daß er mich nach Kidugala brächte, damit dort die Einrenkung vorgenommen werden könnte. Diesem Unteroffizier verdanke ich den Besitz meines Armes. Der Oberarm war bunt angeschwollen.

Wir reisten, ich wurde in der Hängematte getragen. In Eilmärschen ging es über Mufindi nach Kidugala, wir waren etwa eine Woche unterwegs. Der umsichtige Sanitäter sorgte dafür, daß der Arm überall, wo wir an Wasser kamen, einen kalten Umschlag erhielt, um den starken Bluterguss zur Auflösung zu bringen. In Kidugala wurde die Einrenkung von Dr. Grimm unter Assistenz von Schwester Barbara und dem Patienten Hauptmann Poppe vorgenommen. Es stellte sich heraus, daß ein Stück des Ellbogens abgebrochen war. Immer wieder sprang der Unterarm aus dem Gelenk heraus. Endlich nach eineinhalb Stunden war die Arbeit geschehen, ich lag im Stärkeverband. Schon einen Tag später waren wir auf der Rückreise ins Hehe-Land. Mit sehr herzlichem Dank für seine Hilfe konnte der Sanitäter nach Iringa zurückkehren. Der Arm heilte, aber er blieb gekrümmt, weil das abgebrochene Knochenstück nicht richtig verheilt war.

In »Pommern« hat es gute und schlechte Zeiten gegeben. Normalerweise hätte zuerst die Stationsanlage fertig sein müssen, um im Anschluß daran die Außenarbeit zu verrichten, aber hier war es umgekehrt. Die Arbeit im Lande war zur Hauptaufgabe geworden, nebenbei konnten die Gebäude entstehen. Allmählich kamen wir in ruhige Bahnen. Als das Stationsgebiet festgelegt war, wohnte keine Familie mehr darauf. Aber in der kommenden Zeit gab es Leute aus Udzungwa, die mit uns wohnen und leben wollten. Es war nötig, alle Vorsicht walten zu lassen, denn in den Häuptlingsschaften war man sehr ungehalten, wenn Leute sich entfernten. Leute, die notorische Faulenzer waren, lehnte ich ab, weil sie auf dem Missionsplatz sich ebenfalls vor der Arbeit gedrückt hätten. Bezüglich anderer besprach ich mich mit den Häuptlingen. Die Zuziehenden sollten auch nach dem Umzug im Gebiet des Häuptlings verbleiben, und sich in diesem Verbande betätigen. Außerdem mußten sich diese Leute verpflichten, sich zu jedem Dienst auf der Station willig zu zeigen. Das haben die Häuptlinge sehr anerkannt.

Mir lag es nicht daran, einige Leute an mich zu binden, ich trachtete nach einem guten Verhältnis zu allen Menschen. Im Laufe der Zeit bin ich mit vielen aus den Hehe-Stämmen bekannt geworden, viele Leute haben grüßend an meinem Haus vorgesprochen.

Im Januar 1916 wurde das große Wohnhaus fertig, die letzte Hand mußte ich an die Schlußarbeit legen. Herr Kusche hatte sich der Kolonialtruppe zur Verfügung gestellt und Schwester Elisabeth Sachs hatte sich für die Krankenpflege gemeldet. Wir waren jetzt allein und lebten froh mit unseren beiden Kindern.

Heinz mußte immer noch Diätkost haben. Er hat sich willig, aber oft mit Traurigkeit den Anordnungen der Mutter gefügt. Er war ein sehr verständiger und lieber Junge, der sein Schwesterlein über alles liebte, das stets aus vollem rosigen Gesicht allen entgegenstrahlte. Wenn Gerda später »Äpfelchen« genannt wurde, so hat sie schon als kleines Kind diesen Namen verdient.

Unsere Wasserleitung brachte reichlich Wasser für Haus und Ziegeleien. Man konnte einen Teil des Wassers oberhalb der Stationsanlage ableiten und in einer Erdvertiefung einen kleinen See entstehen lassen. Er konnte sogar mit einem gezimmerten Boot, das mit Elenhäuten bespannt war, zur Freude unserer Kinder, befahren werden.

Der Erste Weltkrieg geht weiter

Trotz der Kriegsgefahr, die Ostafrika umgab, war es doch möglich, das Missionswerk bis in das Jahr 1916 zu betreiben. Das haben wir als ein besonderes Geschenk empfunden. Wir hofften und beteten Tag um Tag um einen glücklichen Ausgang, weil unsere Arbeit in Uhehe gesegnet worden war. Wir hofften, daß wir gebraucht würden, Größeres zu erleben.

Alles, was nur gehen konnte, befand sich an den Fronten an allen Seiten. Die Verwaltungsstationen der Regierung waren nur schwach besetzt. Das war auch in Iringa der Fall. Nur lahme Askaris, die kaum noch diensttauglich waren, versahen Dienst, aber die Verwaltungsaufgaben waren nicht geringer geworden. Es fehlte an Kräften in den Büros.

Ich erhielt die Aufforderung, mich zum Dienst im Zahlmeisterbüro zur Verfügung zu stellen, ich sei auch in Iringa in der Lage, dem Lande ebenso zu helfen wie in »Pommern«. Auch eine Wohnung wurde mir zur Verfügung gestellt. Ich konnte und durfte diesen Plan der Verwaltung nicht umgehen. Wir rüsteten uns für Iringa. Von unserem Haushalt sollte nur der kleinste Teil mit nach Iringa gehen. Alle anderen der Mission und uns gehörenden Sachen wurden dem sogenannten Nationalhelfer Filipe Kyavula zur Obhut übergeben.

Er war einer der ersten, der sich für die »Pommern-Arbeit« zur Verfügung gestellt hatte. Wir schätzten ihn als treuen und aufrichtigen Menschen. Da er in Udzungwa an verschiedenen Stellen gewissenhaft gearbeitet hatte und von der Bevölkerung geschätzt wurde, war er auch nach dieser Richtung gut am Platze. In meiner Erinnerung lebt sehr stark die eines Tages eingetretene Familiennot. Seine Frau, Mutter mehrerer Kinder, erkrankte plötzlich schwer. Eine Bewußtlosigkeit war der anderen gefolgt. Wir waren in Sorge um sie. An ihrer Lagerstatt beteten wir eines Tages mit dem Gefühl, sie würde gewiß den neuen Tag nicht mehr erleben und gingen bedrückt nach Hause. Am anderen Morgen, wir mochten unseren Augen nicht trauen, sahen wir die am Tage vorher so kranke Frau mit einem Wasserkrug auf dem Kopfe zur Wasserstelle gehen. Der Eindruck dieses Geschehens auf Filipe war groß. Während unserer Abwesenheit wurde er beauftragt, die täglichen Morgenandachten zu halten und der Versammlung am Sonntag zu verkündigen.

Immer mehr erkannten wir, daß es nicht leicht war, von »Pommern« wegzugehen. Freud und Leid hatten uns mit der Station verbunden. Gab es nicht noch viel Arbeit zu tun? Gleich nach der Regenzeit 1916 sollte ein Plan verwirklicht werden, ein Haus zu bauen nach einer nicht ortsüblichen Art, an der aber die Hehe etwas lernen sollten. Sie kamen eigentlich aus der Bauarbeit nicht heraus, ganz gleich, ob sie ihre Wohnungen mit spitzem oder flachem Dach versahen. Das von mir geplante Haus sollte weder aus gebrannten Steinen noch Luftziegeln errichtet werden. Die Häuser der Hehe, die mit in der Erde verankerten Holzwänden hatten, zogen die Termiten herbei, die schon vom ersten Bautage an ihr vernichtendes Werk begannen. Schon nach zwei Jahren war zu erkennen, wie die Wände sich entweder nach innen oder nach außen neigten. Die Übeltäter wirkten in der Verborgenheit der mit Lehm bekleisterten Holzwände. Wie war da zu helfen? Der Missionshandwerker Hermann, ein Bruder des Missionars Hermann, hatte sich auch Gedanken darüber gemacht, wie man anders bauen könne, um der Unzulänglichkeit entgegenzuwirken. Er machte einen guten Versuch. Auf geebnetem Boden setzte er einen eineinhalb Meter langen Kasten ohne Boden und Deckel, der leicht zu zerlegen war. In diesen Kasten knetete er steife Lehmerde, so dick, daß die Bretter leicht zu entfernen waren und in der Fluchtrichtung weitergesetzt werden konnten.

Unter Berücksichtigung von Öffnungen war es möglich, am Tag eine Schicht zu legen, der nach dem Trockenwerden eine andere folgen konnte. In sechs Arbeitstagen war es möglich, die Wände so hoch zu bringen, daß sie den üblichen Verhältnissen entsprachen. Dieser praktische Vorschlag von Techniker Hermann leuchtete mir ein. Nach seinem Plan unter Berücksichtigung europäischer Art, öffnete ich aber einen Termitenbau und entnahm ihm das von den Ameisen sehr gut hergerichtete Lehmmaterial. Es war mir immer schon aufgefallen, daß sogar der tropische Regen den Termitenhügeln keinen Schaden zugefügt hatte. Die Wände des von »Pommern-Leuten« aufgeschichteten Hauses standen, aber das Haus konnte nicht mehr fertig gemacht werden. Wenn am Sonntag die Hehe kamen, versäumten sie niemals, sich das nach anderer Art hergestellte Bauwerk anzusehen. Sie staunten. Wenn man an die Wände klopfte, klangen sie wie Porzellan. Die Leute waren aber innerlich noch nicht soweit, diesem Vorschlag nachzueifern.

Als ich etwa 16 Jahre später ins Land kam, sah ich im Hehe-Land, wo die Erdverhältnisse günstig waren, nur Häuser, die meinem Vorschlage von 1916 entsprachen. Die anfänglich heidnischen Vorurteile waren geschwunden. Das von uns unfertig gelassene Haus von 1916 mit seinen ungeschützten Wänden hat über ein Jahrzehnt den tropischen Regen der Regenzeit widerstanden. Als nach mehr als einem Jahrzehnt Hermann Neuberg die Verwaltung Pommerns übernahm, fand er die Ruine wenig beschädigt vor. Er hat sie zu einer Poliklinik gemacht.

Es war uns doch schwer, von »Pommern« zu scheiden. Wir dachten an die Verbundenheit mit vielen Menschen, denen wir auf mannigfache Weise hatten helfen können. Wenn ich durch das Land reiste, hatte ich jedes Mal mein Zahnbesteck zur Hand. Es wurde sehr von Leuten mit kranken Zähnen beansprucht. An mir hängen noch heute die Worte: »Ndilemwa ukunwenya amadzebele!« (Ich kann keinen Mais mehr kauen). Das war die Aufforderung, einen Zahn zu ziehen. Diesen Dienst zum körperlichen Wohl ließen wir uns aus Erziehungsgründen entschädigen. Die Leute mußten dafür etwa zehn Pfennige bezahlen. Als ich eines Tages einer Frau einen Zahn gezogen hatte, nestelte sie an ihrem Hohlgürtel und brachte etwa ein Pfennig. hervor und drückte ihn mir in die Hand. Ich protestierte lachend und sagte: »Das genügt nicht!« Sie antwortete, es sei doch wohl ausreichend, denn der Medizinmann arbeitet drei Tage an einem faulen Zahn bis er ihn endlich nach vielen Qualen für den Patienten herausgebracht hat, ich aber hätte ihn schnell in der Zange gehabt. Ich sagte: »Denke doch daran, daß du dem Medizinmann für die Entfernung eines kranken Zahnes ein Schaf oder eine Ziege zahlen mußt.« »Das stimmt«, entgegnete die Alte, »aber bei dir geht es schneller«.

In einer Gegend des Hehe-Landes wohnte ein Medizinmann, der sein dunkles Handwerk betrieb. Er war mein Gegenspieler und Widersacher. In einem Punkt war ich ihm aber unentbehrlich. Leute kamen zu mir mit der Mitteilung, der Medizinmann hätte sie geschickt. Es handelte sich um die Erkrankung an Spulwürmern, unter denen besonders die Menschen in Udzungwa litten. Die Schwarzen nannten die Würmer »indzoka ina-lulandzi« (Bambusschlangen). Zur Beseitigung derselben wußte der Medizinmann keinen Rat. In einem Buch der Tropenmedizin hatte ich gelesen, daß zur Beseitigung das Santonin in einer bestimmten Dosierung Erfolg bringt. Mit diesem Medikament war ich gut versorgt und brachte es in Anwendung mit dem überraschenden Erfolg, daß diese Schmarotzer im Stuhl abgingen oder erbrochen wurden und die Leute, groß und klein, von Beschwerden frei wurden.

Es war uns vor der Übersiedlung nach Iringa völlig klar, daß wir eine in guter Entwicklung stehende Arbeit verließen. Den Glauben an eine schnelle Rückkehr wollten wir uns nicht nehmen lassen. Wir ahnten nicht, daß unser Wirken in »Pommern« beendet war.

Was uns der Aufenthalt in Iringa brachte

Mit dem Jahre 1916 war der Krieg in Ostafrika in eine neue Phase getreten. Bis dahin war es dem Kommandeur Paul von Lettow-Vorbeck möglich, die Grenzen der Kolonie im Großen und Ganzen erfolgreich zu verteidigen. In der besten Zeit hatte er 14.000 (3.000 weiße Soldaten und 11.000 Askari) zur Verfügung. Soviel sind es aber 1916 nicht mehr gewesen, weil es auch Abgänge gegeben hatte. Auf der Gegenseite waren jedoch 1916 etwa 300.000 aufmarschiert. Es waren Leute, die in der weiten Welt zusammengesucht worden waren. Ideale hatten wohl die wenigsten, sie waren geprägt von dem Vernichtungswillen der Gewalthaber, denen sie sich zu beugen hatten. Sie stellten das Mittel dar, dessen sich die Großen in der Welt gern bedienten, damit ihnen der Sieg zufalle. Die verschiedenen kleinen Truppenteile an den weiten Grenzen der Kolonie kamen in Schwierigkeiten, besonders weil sich auch die Kriegstaktik der Gegner geändert hatte. Vorher kämpfte man an einzelnen Punkten und der Erfolg der Waffen kam ganzen Gebieten zugute. Jetzt war es anders geworden. Auf die kleinen deutschen Abteilungen brauchte man bei der Menge der bereitstehenden Angreifer keine Rücksicht mehr zu nehmen. Die große Macht sollte wie eine Walze wirken. Es hieß: Die Deutschen müsse man tot marschieren.

In dem südlichen Teil der Front zwischen dem Nordende des Nyassa-Sees und dem Südende des Tanganyika-Sees, an einer etwa zehn Tagereise langen Grenze, stand eine Kompanie auf der Wacht. Bis dahin hatte es kleinere Geplänkel gegeben. Deutscherseits wurden Vorstöße unternommen, um Materialien zu erbeuten, z.T. wurden lange Strecken der Telegrafendrähte geraubt, weil sie an anderen Stellen der Kolonie überaus wichtig waren oder auch anderes wurde unternommen, um die Besetzung wichtiger Punkte in der Nähe der Grenze zu verhindern. Jetzt war aber der Zustrom südafrikanischer Truppen so groß geworden, daß Gefahr im Kommen war. Der Süden mußte besser gesichert werden. Nur dadurch konnte es geschehen, daß alles Verfügbare aus der Kolonie nach Süden geworfen wurde. Aus diesem Grunde musste auch die Iringa-Kompanie in den Kampf eintreten. Sie marschierte ab, auf der Militärstation blieben nur alte marschunfähige Askari zurück, dazu eine schwache europäische Aufsicht. Die Entblößung der Station mit wichtiger Verwaltungsarbeit, die nicht unterbrochen werden durfte, war der Grund, daß man mich aufgefordert hatte, zur Hilfe nach Iringa zu kommen.

In Iringa erwartete man von mir, die täglich am Telefon aufgenommenen Kriegsnachrichten aus Deutschland auf der Schreibmaschine zu vervielfältigen. Zu diesem Zweck mußte ich mir in erster Linie die Kunst der Maschinenschreiberei anlernen. Die Nachrichten aus Deutschland wurden darauf durch Boten in Eilmärschen den verschiedenen Abteilungen im Südgebiet übermittelt. Durch die fehlende Übung, auf der Maschine zu schreiben, war ich zuerst sehr angestrengt. Sonntags hielt ich den Gottesdienst in dem Haus, das unsere Mission in guter Zeit gekauft hatte. Unter Unruhe ging jeder Tag dahin. Wir hörten, daß das Konde-Land besetzt worden war und daß der Vorstoß der Südafrikaner über das Kinga-Land ins Bena-Land ungehindert von deutschen Formationen erfolgte. Davon aber, wie es unseren Mitarbeitern bei der Besetzung der Stationen ergangen war, hörten wir nichts.

Die Südafrikaner, die mit erbeuteten Geschützen aus Deutsch-Südwest-Afrika in Malangali gekämpft hatten, brauchten Zeit, sich zu erholen. Uns war aber klar, daß das nächste Ziel der Südafrikaner die Einnahme Iringas sein würde, das ungeschützt vor ihnen lag. Das empfand auch die schwarze Bevölkerung des Landes.

Eines Tages erschienen bei mir einige Häuptlinge aus Udzungwa mit der Frage: »Was sollen wir tun? Rate du uns, sollen wir gegen die Südafrikaner kämpfen?« Ich erwiderte ihnen, solchen Gedanken fallen zu lassen, mit ihren Speeren und Schilden könnten sie gegen Kämpfer nichts erreichen, die zeitgemäß mit kriegerischen Mitteln ausgerüstet sind. Ich riet ihnen, Zurückhaltung zu üben. Manche Aufträge hätten sie wohl zu erfüllen, im Übrigen sollten sie sich so verhalten, daß ihnen später nicht der Vorwurf der Untreue gemacht werden könne. Ich freute mich über diesen Besuch, weil ich daraus erkannte, wie die Leute innerlich zu mir standen. Eine gewisse Unruhe hatte die Bevölkerung erfaßt, als sie sah, daß eines Tages alles, was in der Boma nicht niet- und nagelfest war, auf den Hof geworfen wurde, um verbrannt zu werden, weil es nicht abzutransportieren war. Viele wertvolle Sachen sind der Vernichtung anheim gefallen, auch Schreibmaschinen. Das ging mir besonders nahe. Ich bat darum, mir eine zu überlassen. Mein Wunsch wurde erfüllt, nachdem ich die Versicherung abgab, sie als mein Eigentum zu betrachten. Aller Hausrat wurde auf dem Hof verbrannt, auch Anzüge und neue Stiefel. Es tat einem ordentlich weh, als man das sah. Das vorhandene Geld wurde abtransportiert, in dem Geldschrank der Station lag eingeschlossen ein halber Cent (ein Pfennig). Dieser sollte den Südafrikanern in die Hände fallen. Alle lebten in der Erwartung, daß die heranrückende feindliche Macht käme. Diese sollte aber keinen deutschen Soldaten und Askari vorfinden. Es wurde beschlossen: Ich möchte den Parlamentär spielen, mit einer weißen Fahne, unter Aufstellung von Relais-Posten, den Südafrikanern entgegengehen. Es wurde angenommen, daß die feindlichen Abteilungen durch mich den Vormarsch verzögerten. Während dieser Pause wollte die ganze Besatzung (etwa 20 abgediente und kranke Askari und wenige Europäer) Iringa verlassen, um sich durch Übersetzen über den kleinen Ruaha in der Richtung auf Udzungwa in Sicherheit zu bringen. So war der Plan.

Eines Morgens wurde der Anmarsch gemeldet. Ich machte mich mit der weißen Fahne (einem Laken aus unserer Wirtschaft) und einigen schwarzen Begleitern auf den Weg mit der Absicht, etwa drei Stunden von Iringa entfernt auf die südafrikanischen Krieger zu stoßen. Nachdem ich vorher die mitgenommenen Gewehre zerstört und die einzelnen Teile zerstreut hatte, erreichte ich die einstige Mukwava-Boma, aber kein Südafrikaner ließ sich sehen. In diesem Niemandsland verbrachte ich in einer Hütte die Nacht und kehrte am anderen Morgen nach Iringa zurück.

Einige Tage später in aller Frühe wurde mir mitgeteilt, die Südafrikaner befänden sich schon ganz nahe bei Iringa. Flugs war ich wieder unterwegs und traf, nicht weit von Iringa entfernt, auf die anmarschierenden Truppen, aber keiner nahm von mir

Notiz. Motorräder sausten an mir vorbei, bis ein Offizier sich meiner annahm, inmitten der vorwärts marschierenden Truppen kam ich nach Iringa. Der Abmarsch der letzten kümmerlichen Besatzung konnte doch erfolgen, sie kam noch über den Fluß. Nur einer fiel in südafrikanische Gefangenschaft, und das war mein Esel, den einige Tage zuvor die Station von mir erworben hatte. Es war ein gutes Tier, es ging über jeden kleinen Bach, aber der Ruaha-Fluß hatte zuviel Wasser, davor scheute es. Die fliehende Besatzung hatte keine Zeit, sich mit dem bockenden Tier aufzuhalten. Es blieb zurück als Beute für die Südafrikaner. Diese waren auf ein militärisch leeres Nest gestoßen. Was aber von den Deutschen einige Tage zuvor vernichtet worden war, mußten die deutschen Familien ersetzen: Sie mussten Tische und Stühle herausgeben.

Ich lebte nun als einziger Mann unter vielen deutschen Frauen, auch solchen, die Farmen in der Umgegend von Iringa hatten. Wenn auch Iringa nach allen Seiten gesichert war, so kam doch mancher durch, der die Frauen durch Nachrichten über das Geschehen in ihren verlassenen Häusern beunruhigte. Sie meinten, daß es meine Aufgabe sein müsse, ihre Klagen vor den Kommandanten zu bringen. Das war keine leichte Aufgabe, denn ich war nicht nur der »bloody German«, sondern auch einer, dem man nicht gern vertraute. Es war ihnen wohl auch bekannt geworden, daß ich eine nicht unbedeutende Stellung besaß und Ansehen im Lande genoß. Wohl durfte ich mich einer primitiven Freiheit freuen und konnte mit meiner Frau und unseren beiden Kindern leben. Wir wurden von der Besatzung verpflegt, unsere Kinder wurden sogar von freundlichen Südafrikanern bei der Abholung der Verpflegung beschenkt, aber froh konnte man trotzdem nicht werden. Oft sagte ich mir, als »Prisoner of war« brauchte ich nicht unter diesem Druck zu stehen. Vorläufig war ich noch frei. Nach der Auflösung des Lazaretts in »Neustettin« erschien auch Missionar Priebusch in Iringa, nun waren wir zu zweit.

Die kriegerischen Unternehmungen hatten sich nach dem Osten, nach der Lulanga-Ebene verlagert. Von den Ereignissen im Kampfgebiet kamen doch hin und wieder Nachrichten durch, auch von deutschen Erfolgen. Davon erzählte eines Tages Missionar Priebusch Offizieren, die nichts Eiligeres zu tun hatten, ihrem Kommandanten davon Mitteilung zu machen. Er wurde in Haft genommen und wurde Kriegsgefangener. Da er sich aber über die Angabe der Quelle, aus der er geschöpft hatte, ausschwieg, kam ich in Verdacht, der Verbreiter solcher Nachtrichten zu sein.

Ich war aber ganz unschuldig, ich führte ein sehr zurückhaltendes Leben und beschäftigte mich damit, die Kinder von Hauptmann Styx zu unterrichten. Als ich eines Tages mit meiner Frau unserem Missionshaus zuwanderte, – nach dem Eintreffen der Südafrikaner mußten wir unser Missionshaus beziehen – trat uns plötzlich ein Sergeant Mayor in den Weg. Er herrschte mich an: »Du bist ein Spion, folge mir sofort in die Boma!« Meine Frau mußte allein nach Hause gehen, sie empfand dabei etwas von dem Furor Teutonicus. Kaum war sie zu Hause angekommen, als ein Goanese – ein indischer Farbiger, deren gab es viele, die von der deutschen Verwaltung zum Schreiberdienst eingestellt waren – sagte, er fordere die Schreibmaschine, die ich von der deutschen Verwaltung empfangen hätte. Es war also doch bekannt geworden, daß ich ein solches wertvolles Ding besäße. Meine Frau erklärte, sie würde die Maschine nur herausgeben, wenn er eine Bescheinigung von mir brächte.

In dem Gefühl, daß der Goanese schnell wiederkommen würde, nahm meine Frau den Kasten, in dem sich die Schreibmaschine befand, sie warf ihn dreimal zu Boden, so daß der Kasten mit der Maschine beschädigt war.

Danach kam der Bote wieder mit der Kunde, daß alles, was die Deutschen besäßen, Eigentum des englischen Gouvernements sei. Der Goanese nahm das wertvolle Ding und trug es davon. Bald brachte er es wieder mit der Erklärung, die Maschine sei unbrauchbar.

Ich befand mich in der Boma, jedoch nicht unter den Kriegsgefangenen, von denen schon eine beträchtliche Anzahl gesammelt waren, sondern in einem Extragemach, in dem ich drei Tage lang bei Tag und Nacht von drei Südafrikanern bewacht wurde. Später habe ich behauptet, so sichere Nächte habe ich selten zugebracht, bloß die schweren Stiefel der Soldaten haben meine Nachtruhe gestört. Immer wieder guckte einer ins Zimmer hinein, um nachzusehen, ob ich noch da sei.

An dem Tag meiner Gefangennahme hatte ich wegen eines Bandwurms, der mich geplagt hatte, einen scharfen Tee aus Granatwurzelrinden getrunken; es fehlte aber das andere Mittel, das Rizinusöl, um den Schmarotzer wirklich loszuwerden. Es wurde angeordnet, daß mir das Reinigungsmittel geschickt würde. In den kommenden Stunden bin ich gewiß den Bewachungsmannschaften sehr lästig gewesen. Oft mußte ich zur Latrine gehen. Um meiner Sicherheit willen marschierte einer mit aufgepflanztem Gewehr vor mir her, während ein anderer in derselben Aufmachung mir folgte. Unter militärischer Assistenz bin ich meinen Bandwurm losgeworden. Ein Prozeß wurde mir nicht gemacht, ich wurde nicht einmal nach dem Geschehen gefragt. Nach drei Tagen kam ich zu den Kriegsgefangenen. Wie Priebusch war auch ich Gefangener geworden.

Es wurde mir gestattet, daß meine Frau mich verpflegte. Das Essen von meiner Frau mundete mir besser als das, was ein südafrikanischer Soldat für die Gefangenen auf primitive Weise bereitete. Ich hatte täglich Verbindung mit meiner Frau durch etwas Rheuma, weshalb ich bat, massiert werden zu dürfen. In der Folgezeit erschien jeden Tag ein schwarzer Heilgehilfe (ein Hehe) zur Behandlung, ihn begleitete stets ein Südafrikaner. Der Hehe war unser Liebesbote. Auf vorsichtige und unverfängliche

Weise erschien er jeden Tag bei meiner Frau, Briefe und andere kleine Dinge abzuholen. Wenn er mich massierte und der Begleiter einen Augenblick abseits stand, holte er aus seinem Stiefelschaft die ihm anvertrauten Dinge heraus und steckte von mir einen Brief hinein, den er dann geschickt meiner Frau zustellte. Ich sagte ihm, daß ich vielleicht das Rheuma während meines ganzen Aufenthalts in der Iringa-Gefangenschaft behalten werde, er müsse also jeden Tag bei mir vorsprechen.

Eines Tages schien es so, als ob unser Bleiben in Iringa zu Ende sei. Auf dem Boma-Hof waren wir angetreten, es sollte nach dem Süden gehen, wohin auch alle Missionsleute aus dem Konde- und Bena-Land abtransportiert worden waren. Das Zelttuch von meinem Reisebett hatte ich abgeschnitten, es bildete die Hülle für meine Habseligkeiten. Merkwürdigerweise verzögerte sich unser Abtransport bis es endlich hieß: zurück in die Boma! Allmählich erfuhren wir den Grund. Am Tag unserer geplanten Abreise nach Süden hatte sich plötzlich ein deutsches Detachement in der Nähe von Malangali gezeigt. Es war die sieggewohnte Abteilung von Wintgens, deren Aufgabe im Tabora-Bezirk erfüllt war, und die in südöstliche Richtung durchs Land marschierte, bei Malangali die Straße kreuzte, um später Verbindung mit von Lettow-Vorbeck zu suchen.

Bei der Iringa-Besatzung herrschte eine sichtbare Nervosität. Sie hatte Angst. Unsere Abreise nach dem Süden unterblieb, sie wurde später nach Norden in die Wege geleitet. Schlimm war, daß ich mich meiner Schlafgelegenheit beraubt hatte. Im Stiefelschaft trug der Sanitäter den Wunsch zu meiner Frau, mir kurze Nägel zu schicken, um das Zelttuch wieder annageln zu können. Ich hatte nun wieder eine Lagerstatt, sie war nur etwas schmaler geworden.

Im Oktober oder November 1916 wurde endlich der Plan verwirklicht, einen Lagerwechsel vorzunehmen, es sollte nach Daressalam gehen und von dort aus weiter nach Ägypten.

Bald nach unserem Abtransport wurde den Frauen eröffnet, daß auch sie abreisen würden, es wurde auch schon das Gewicht genannt, was sie an Sachen mitnehmen könnten.

Abtransport nach Daressalam

Nach unserem Abtransport von Iringa und nach dem Abschied, den ich von den Meinen nehmen mußte, marschierten wir drei Tage bis zum Großen Ruaha. Wir nächtigten auf nacktem Boden, er hatte keine Grasnarbe mehr. Mit Mühe und Not fanden wir unter den Schirmakazien einige Handvoll Gras, um es unter die Hüften zu legen. Auf der anderen Seite des Grossen Ruaha standen Autos bereit, auf denen wir zwischen

Soldaten mit aufgepflanztem Bajonett saßen. Da es bei den schnell und schlecht fahrenden jungen Autofahrern viele Pannen gab und immer wieder ein Autowechsel vorgenommen werden mußte, hörte allmählich die stramme Fahrdisziplin auf, weil selbst die Soldaten sie für überflüssig erachteten.

Der Weg führte durch die Ugogo-Steppe nach Dodoma, an der Bahnstrecke von Daressalam nach Udjidji am Tanganyika-See. Auf offenen Bahnwagen erreichten wir Morogoro. Grasschuppen für unsere Unterbringung außerhalb der Stadt standen bereit. Unsere Unterkunft hatte Stacheldraht-Umzäunung. Sonst war alles mehr als primitiv.

In einer der kommenden Nächte entwich ein Deutscher. Das war Grund genug, die Wachen zu verstärken. In der darauf folgenden Nacht wurde geschossen, es hatte sich einer an dem Stacheldraht zu schaffen gemacht. Es war aber kein Deutscher, ein Maultier war ihm zu nahe gekommen, ihm hatte aus Versehen der Schuß gegolten. Wir waren froh, am nächsten Tag weiterfahren zu können und erreichten Daressalam. Das alte Eingeborenengefängnis wurde unsere Unterkunft, es beherbergte etwa 150 Deutsche. Das erste, was wir nach Kontrolle unserer Sachen erlebten, war, daß wir wegen des Vorfalles in Morogoro, für sechs Nächte eingeschlossen wurden in einem Raum, der vorher Latrine war. Obwohl er neu hergerichtet worden war, hing doch noch der Duft früherer Tage in unserem Prunkgemach. Da wir keine Bettstellen hatten, mussten wir die Nächte auf Zementboden schlafen. Ich konnte mir dadurch helfen, daß ich mein Kopfkissen aus meinem Bündel unter die Hüften schob. Nach sechs Tagen in dieser Unterkunft merkte man es uns an, daß wir gestraft werden sollten. Froh waren wir, als wir künftig ein Bettgestell bekamen.

In Daressalam lebte Missionar Heil mit seiner Familie. Seine Arbeit in Maneromango mußte er auch verlassen. Da das Missionshaus in der Stadt requiriert worden war, wohnte er im Haus des deutschen Pfarrers Willerbach. Er wurde auf mich aufmerksam, seine gute Frau hat es sich nicht nehmen lassen, mir bisweilen eine von ihr bereitete Mahlzeit in unsere Villa zu bringen. Hinter dem Stacheldraht an einer öffentlichen Straße der Stadt konnten wir die Spaziergänger beobachten und uns ihrer primitiven Freiheit freuen, denn ans Meer durfte keiner. Es wurde über das Mißtrauen der Engländer gespottet. Sie wären der Meinung, daß jeder Deutsche von Natur aus mit einem Aufnahmeapparat für drahtlose Telegrafie ausgerüstet sei. Wenn man Geld hatte, konnte man sich in diesem Lager allerlei leisten, denn die geschäftigen Inder der Stadt hatten die Deutschen im Lager gern als Kunden. Auch Zeitungen standen uns zur Verfügung, deren Inhalt von allen Insassen verschlungen wurde.

Eines Tages las ich in der Nairobi-Zeitung, es hätte eine Besprechung zwischen Deutschen und Engländern vor den Amerikanern stattgefunden, nach der kein ordinierter Geistlicher interniert werden dürfe. Dieser Artikel interessierte mich. Er war dann der Anlaß, daß ich an die Kommandantur in Daressalam schrieb, ich sei zu Unrecht in Haft. Außerdem wies ich auf meine Loyalität hin, denn in Iringa hatte ich Gelegenheit, einen in der Schlacht bei Tanga in deutsche Gefangenschaft geratenen Engländer, der in Iringa starb, christlich zu beerdigen. Die Nachforschungen bestätigten meine Angaben, schon wenige Tage später war ich frei und mit mir Missionar Priebusch und einem Neukirchener Missionar.

Ich staunte über den Erfolg meines Schreibens. Wenn bei anderen Gelegenheiten mir Engländer erklärt hatten, »I shall do, what I can for you!«, so schien mir solche Äußerung von lebenden Engländern eine Höflichkeitsfloskel zu sein, aber ein toter Engländer hatte mir geholfen.

Wir drei Männer bezogen in einem schönen Haus einen großen Keller, der durch dreizehn zerbrochene Fensterscheiben gutes Licht besaß. Jeder von uns dreien konnte sich eine Ecke aussuchen, in der es möglich war, ein Eigenleben zu führen. Da wir Moskitonetze besaßen, haben uns auch die vielen Anopheles Daressalams wenig geplagt. Um nicht beschäftigungslos zu sein, stellte ich mich zum Schuldienst zur Verfügung und unterrichtete Kinder in den unteren Klassen. So hatte ich wenigstens eine Aufgabe, die mir zusagte.

Der Briefverkehr mit meiner Frau klappte gut. Sie rüstete sich auch für ihre Abreise nach einem anderen Internierungsort, es hieß, die Frauen kämen nach Usambara. Der Weg dorthin konnte nur über Daressalam führen. Wiederum schrieb ich an den englischen Kommandanten, auch mit Hinweis auf den von mir in Iringa bestatteten Engländer. Inzwischen erfolgte der Abtransport der deutschen Frauen. Sie legten den ganzen Weg von Iringa bis Dodoma im Auto zurück, aber ein häufiger Autowechsel war auch ihnen nicht erspart. Da es Lastautos waren, machte das häufige Umladen des Gepäcks große Schwierigkeiten, weil das Verstauen von Gütern eine Kunst ist, die nicht jeder versteht. Es gab dabei manche Sorge, ob auch alles gut mitkäme. Unter den Autoführern gab es raue Gesellen, aber auch sehr hilfsbereite Menschen. Mit Leuten solcher Art hatten die Meinen es mehr zu tun. Bisweilen handelten sie sogar gegen empfangene Anweisungen mit Rücksicht auf das Wohl der Deutschen.

Dodoma liegt in Ugogo in einem Land, in dem es viele Schlangen und Skorpione gibt. Das den Meinen angewiesene Zelt untersuchte meine Frau vor der Belegung aufs Gründlichste. Sie entdeckte eine Schlange und einen Skorpion. Erst nach einer Säuberung entschloß sie sich, mit ihren Kindern einzuziehen. Bald begann die Bahnfahrt, deren Endziel Daressalam war. Meine Frau wußte von meinem Antrag, sie in Daressalam zu belassen. Einige Stationen vor Daressalam besorgte sie sich Wasser, um ihre beiden Kinder nach einer langen Fahrt durch die staubige Gogo-Steppe einer gründlichen

Reinigung zu unterziehen, denn die Kinder sollten nicht nur sauber, sondern auch frisch gekleidet vor dem Vater erscheinen. Die uns befreundeten Offiziersdamen lachten über solches Gehabe: »Glauben Sie doch nicht, daß die Engländer es gestatten, zu Ihrem Mann zu kommen!« Unbeirrt durch solche Gespräche rüstete sie sich für den Empfang von ihrem Mann.

Der Zug lief auf der Bahnstation ein. Autos standen bereit, Frauen, Kinder und Gepäck zum Lager zu bringen, das sich auf dem Platz an der katholischen Kirche befand und in großen Zelten gut hergerichtet war. Ich hatte kurz vorher den Bescheid erhalten, daß meine Familie in Daressalam bleiben könne. Zum Glück hatte ich einige Tage zuvor einen Wohnungswechsel vorgenommen, das bescheidene Nest war also bereitet. Da ich den Bahnhof nicht betreten durfte, nahm ich in der Nähe der Zelte Aufstellung. Als alle Frauen mit ihren Kindern herangekommen waren, wurden die Zelte an die Reisenden verteilt. Zum Schluß hieß es: Frau Oelke und Frau Priebusch bleiben in Daressalam, sie werden von ihren Männern abgeholt. Das war wirklich ein schönes und kaum zu erwartendes Wiedersehen. Wir waren voller Dankbarkeit und Freude. Unser Wiedersehen war uns ein wahres Gottesgeschenk. Dabei dachten wir an den toten Engländer, der uns zum zweiten Mal geholfen hatte.

Wir wanderten froh durch die Straßen der Stadt. Wie glücklich waren auch unsere beiden Kinder. Gerda trug ich auf den Armen, sie schmiegte sich an mich, tätschelte meine Wangen und sagte immer wieder: »Mein lieber Lati! Mein lieber Lati!« Es war ihr schwer, das »V« zu sprechen. Wie wenig bedeutete uns der Verlust unserer Sachen in den hinter uns liegenden Tagen, denn alles Irdische ist vergänglich. Vielen ist der Verlust zu einem Kummer der Gemüter geworden. Wir vier waren in der Unruhe der Zeit gesund zusammengeführt worden. Das schien uns ein unbegreiflicher Gottessegen zu sein; es war überströmende Freude und Dankbarkeit.

Mit meiner Frau war auch ein treuer Hausjunge aus »Pommern«, der schon in Iringa nicht von ihr weichen wollte, nach Daressalam mitgegangen. Es war schwierig, ihn mitzunehmen. Nirgends wollte man ihm einen Platz auf dem Auto gönnen, wiederholt wurde er verjagt, aber dank des Autoführers meiner Frau bekam er doch ein Plätzchen. Auf der Bahn war es leichter mitzukommen, und in Daressalam blieb er bis zuletzt an unserer Seite. Für unsere Kinder war es natürlich eine Wonne, Sabani um sich zu haben. Er war der Helfer im kleinen Haushalt und der Begleiter unserer Kinder, wenn sie auf den erlaubten Straßen herumstrolchten. Was gab es nicht auch alles zu sehen! War es auch verboten ans Meer zu gehen, so bot der Hafen viel Abwechslung durch den umfangreichen Schiffsverkehr, an Tennisplätzen wurden sie von den spielenden Menschen mit Tennisbällen beschenkt. Am liebsten hatten sie aber Sabani um sich, weil sie sich mit ihm in Kiswahili unterhalten konnten.

Uns, als den Eltern, interessierte natürlich das Weltgeschehen. Wir durchstöberten die Zeitungen und lasen täglich die neuesten Nachrichten, die an einer deutschen Verwaltungsstelle ausgehängt waren und zogen daraus manchen verkehrten Schluß. Sie schienen uns einseitig verzerrt zu sein, um echte Geschehnisse zu verschleiern. Unsere Gedanken waren aber zu allermeist bei den Operationen unserer Kolonialtruppen, die sehr geschickt manövrierten und den Gegner zu immer neuen Maßnahmen bestimmten.

Die Deutschen, die in Gefangenschaft geraten waren, wußten viel zu erzählen. Natürlich hatte auch mein Bruder, als er als Glied eines großen Verbandes nach Daressalam kam, um bald darauf nach Ägypten abtransportiert zu werden, viel zu berichten. Endlich ging der Krieg zu Ende, aber anders als wir erwartet hatten. Anfänglich wollten wir es nicht glauben, daß es in Europa so schlecht um uns stand. Alles, was an schlimmen Nachrichten uns dargeboten wurde, mochten wir nur schwer glauben, aber Tag um Tag wurde uns das schreckliche Ende zum Bewußtsein gebracht, wenn wir die Hohnlieder hörten, mit denen immer wieder englische Askari durch die Stadt marschierten und sich in Hass gegen unseren Kaiser ergingen.

Wir wohnten in jenen Tagen nicht weit von dem Platz entfernt, auf dem das Hermann von Wissmann-Denkmal stand. Wenige Tage nach der Waffenstillstandserklärung erschien ein Trupp Soldaten, um das schöne Denkmal mit großen Hebebäumen von seinem Sockel herabzuwuchten. Mit tiefer Wehmut sahen wir auf dieses Geschehen. Immer wieder fühlten wir einen Stich im Herzen, wenn wir diesen Platz ohne Denkmal passieren mußten.

Als ich etwa zehn Jahre später von Kaiserswerth zu einer Fürsorge-Erziehungstagung nach Hamburg reisen mußte und eines Tages durch diese Stadt bummelte, stand ich plötzlich vor einem Denkmal. Ich mochte meinen Augen nicht trauen – ich stand vor dem Monument des großen Kolonialmannes, dessen Abbruch wir im November 1918 erlebt hatten. Damals meinte ich, es würde der Vernichtung anheimfallen, an jenem Tage in Hamburg freute es mich, daß England das Denkmal an Deutschland zurückgegeben hatte, damit es spätere Geschlechter in Deutschland an eine ehemalige große Kolonialzeit erinnere.

Drei Tage nach den erzwungenen Waffenstillstandsbedingungen mußte die deutsche Kolonialtruppe die Waffen strecken. Sie war südlich des Tanganyika-Sees aus Deutsch-Ostafrika hinausmarschiert mit der Absicht, bis nach Angola zu gelangen. Die Stärke der von Lettow-Truppe war sehr zusammengeschmolzen. Sie hat wohl nicht viel mehr als 1.000 Mann betragen. Nach dem jahrelang bewiesenen Verteidigungswillen war es eine harte Zumutung sich zu ergeben. Die treuen Askari haben die Lage am wenigsten verstanden. Engländer waren der Truppe gefolgt und hatten die in Europa festgelegten Bedingungen übermittelt. Die Askari erklärten, sie wären den Deutschen nur gefolgt mit dem Verlangen, Frieden zu bekommen.

Was war von dieser Heldenschar vollbracht worden!

1916 sie war im Norden die Kolonialmacht so weit zurückgedrängt worden, daß die Zentralbahn aufgegeben werden mußte. Was an ihr nur zerstört werden konnte, wurde vernichtet, das ganze Bahnpersonal wurde eingezogen und vergrößerte etwas den Bestand der Truppe. Zum Teil hatten diese Leute bei ihrem auch schweren Dienst die Härten eines Buschkrieges nicht kennen gelernt. Es wurde erzählt: Bald nach der Aufnahme in den Truppenverband hätte einer den Auftrag bekommen, mit anderen auf Patrouille zu gehen. Er meldete, daß er das nicht könne, denn er litte zu sehr unter Rheumatismus. Der Stab war sehr ungehalten darüber, daß der Mann sich weigerte. Der Anwesende von Lettow bemerkte sarkastisch: »Meine Herren, der Mann hat zwei Jahre im Zuge gestanden, wenn sie zwei Jahre im Zuge gestanden hätten, würden sie auch über Rheuma klagen!«

Die südafrikanische Armee war sehr zuversichtlich geworden, denn südlich der Bahn wurde die Truppenverpflegung immer schwieriger. Wenn der Gegner Gelegenheit hatte, einige Deutsche zu Gefangenen zu machen, und sie gefragt wurden, wovon sie eigentlich lebten, erklärten sie: »Wir leben von mehlhaltigen Gräsern«. Nicht ohne Humor berichtete eines Tages die Nairobi-Zeitung: Von der Verpflegungsbasis Kilwa war eine große Karawane mit Verpflegung für die englischen-südafrikanischen Unternehmungen unterwegs. Schließlich glaubte sie am Ziel zu sein mit dem Gefühl, eine wichtige Aufgabe durchgeführt zu haben. Jubelnd wurden die Träger begrüßt. Allmählich mußten ihnen doch wohl Zweifel gekommen sein, sich nicht in der richtigen Umgebung zu befinden. Wenn auch der äußere Schein sie verleitet hatte, in den Soldaten, Schwarzen und Weißen, ihresgleichen vor sich zu haben, weil sie in Kleidung und Waffen ihren Leuten glichen, so waren es doch Deutsche, auf die sie unversehens gestoßen waren. Alles, was sie auf dem Leibe trugen, war von den Engländern erbeutetes Gut. So war die Freude groß, von den Gegnern so beschenkt worden zu sein.

Der Hauptmann Otto, in dessen Hände die Karawane geraten war, vereinnahmte alle Sachen, Lebensmittel und Genußmittel aller Art. Die Träger machte er nicht zu Gefangenen, er schickte sie nach Kilwa zurück mit einem Dankesbrief, in dem etwa Folgendes stand: »Ich danke sehr ergebenst für die uns zugesandten Sachen. Wir haben alles richtig in Empfang genommen und haben die Köstlichkeit der Gaben festgestellt. Bis jetzt haben wir unseren Bedarf, wo es nötig war, von Portugiesen bezogen. Bei so guter Bedienung, wie wir sie heute erlebt haben, sind wir gern bereit, künftig unseren ganzen Bedarf bei den Engländern zu decken.«

Die Hoffnungen der Gegner, von Lettow-Vorbeck schnell auf die Knie zwingen zu können, erfüllten sich nicht, im Gegenteil, sie mussten harte Schläge hinnehmen. Von der Truppe herausgegebene Parolen lauteten: Waffen und Munition und anderes ist beim Feinde zu ergänzen! Aber unter dem Druck der von allen Seiten auf die kleine Heldenschar eindringenden Gegner, wurde der Aktionsraum immer kleiner. Am Ruvuma machte die Lettow-Truppe nicht halt, sie wechselte ins portugiesische Gebiet hinüber und hatte sich dadurch dem Zugriff entzogen. Nach kurzer Zeit aber kehrte von Lettow-Vorbeck ins deutsch-ostafrikanische Land zurück, durch das er nun unbehelligt ziehen konnte. Der Marsch ging durch den Ssongea-Bezirk, in nördlicher Richtung kam er in das südliche Bena-Land, darauf bog er nach Westen ab. In dieser Gegend, nördlich von Upangwa, meldete sich eines Tages ein Christ aus Upangwa, von der Station Milow, und händigte der durchziehenden Truppe einen größeren Betrag in Silber-Rupien aus. Dieser Schwarze, er hieß Lutangilidzo (Hilfsbereitschaft), hatte vom Bezirksamt Ssongea vor der Invasion den Posten eines Steuererhebers erhalten. Das gesammelte Steuergeld konnte er nicht mehr abliefern. Er versteckte es in Milow an einer sicheren Stelle und wartete auf den Augenblick, den Betrag der deutschen Verwaltung zuzustellen. Der Versuch, der deutschen Truppe zu begegnen, war geglückt, Lutangilidzo glaubte, seine Pflicht richtig erfüllt zu haben.

Im Gebiet westlich vom Tanganyika-See mußte sich von Lettow-Vorbeck mit seiner Heldenschar ergeben. Auf Schiffen, die von der spanischen Influenza verseucht waren, ging es durch das Land, das so mutig verteidigte wurde, nach Daressalam weiter.

Dort starben in den darauf folgenden Tagen viele an der auf der Reise bekommenen Infektion. Fast jeden Tag standen wir mit von Lettow-Vorbeck an einem Grab unter den Kasuarinen am Indischen Ozean und trauerten um die Opfer, die die tückische Krankheit gefordert hatte. Bruder Superintendent Klamroth, der auch Sanitätsdienst tat, erzählte mir eines Tages, daß von Lettow-Vorbeck ihm seinen Lebensgrundsatz verraten hätte: »Jeder kann dreimal soviel leisten als er sich zutraut!« Nur ein von solchem Geist erfüllter Führer war in der Lage, seinen weißen und schwarzen Soldaten das Höchste zuzumuten.

Mit dem Abklingen der kriegerischen Unternehmungen waren auch die verbotenen Wege am Meer wieder freigegeben worden. Nur zu gern haben wir uns den vom Meer zuströmenden Brisen ausgesetzt, um nach dem Aufenthalt in heißen Wohnungen Erquickung zu haben. Viele haben sich darauf gefreut, im Meer baden zu können. Von einem weiß ich, daß sein Wagemut ihm das Leben gekostet hat. Nach der Flut steht gewöhnlich das Wasser einige Zeit still, gefährlich ist es aber, wenn die Ebbe einsetzt, keiner kann dann dem Zug des Wassers hinaus ins Meer widerstehen. Der Syrer

Kury, ein sehr schätzenswerter Mann, war aus dem Schneller'schen Jerusalem-Waisenhaus hervorgegangen, hatte eine Anstellung bei der deutschen Regierung erhalten, um aber dann in zivile Arbeit hinüberzuwechseln. Zudem war er Organist in der evangelischen Kirche. Eines Tages war er weit ins Meer hinausgeschwommen. Den rechten Zeitpunkt zur Rückkehr hatte er verpasst, die Ebbe setzte ein. Der Abstrom zum Ozean war so stark, daß es ihm unmöglich war, den Strand zu erreichen. Er wurde ein Opfer der Haie. Mit ausgerissenen Gliedern wurde der Rumpf einige Tage später an den Strand gespült. Es war eine sehr bewegende Trauerfeier und ein schmerzliches Begräbnis.

Nach gemütsbewegenden und traurigen Tagen kam das Weihnachtsfest 1918 heran. Fast alle evangelischen Deutschen hatten sich zur Christvesper in der Kirche versammelt, auch von Lettow-Vorbeck war zugegen. Nach der weihnachtlichen Stunde begrüßten die Deutschen sich auf dem Kirchplatz. Unser Heinz, der damals acht Jahre zählte, stand abseits. Als wir zu unseren Kindern zurückkehrten, sagte unser Heinz: »Ich möchte auch Onkel von Lettow begrüßen«. Ich kehrte zum General zurück und äußerte den Wunsch unseres Jungen. Als dieser ihm die Hand gereicht hatte, sagte von Lettow-Vorbeck zu ihm: »Junge, hast du auch Muskeln? Laß sie wachsen, die gebrauchen wir noch!«

Am Anfang des Jahres 1919 war der Abtransport der Deutschen Tagesgespräch. Besonders unterhielten sich die Frauen, wie man Wertsachen, Gold (Tabora-Goldstücke) und anderes verstecken könne, um alles glücklich nach Deutschland zu bringen. Natürlich trug man solche Gespräche weiter, sie gelangten sogar bis zu den Ohren der Engländer, die sie als Winke werteten. Es hieß: Alles Tabora-Gold müsse im Land bleiben, es sei abzugeben. Auf uns lag das Vertrauen jener Leute, die uns Wertsachen zur Aufbewahrung übergeben hatten, mit der von uns geforderten Pflicht, das wertvolle Gut abzugeben. Wir entschlossen uns, die Dinge zu verstecken, ohne mit anderen darüber zu reden. Eine Anzahl wichtiger Papiere und Briefe, darunter ein Kochbuch mit festen Deckeln, in die Goldstücke unsichtbar versenkt worden waren, versiegelte der Zensor, so daß sie unantastbar wurden. Die Puppe unserer Gerda hatte ein goldenes Gehirn, in ihre Schuhe hatte ein Schuster Goldstücke hineingearbeitet. Heinz trug auch Gold in seiner Kleidung. Auch in anderen Gebrauchsgegenständen war Gold untergebracht. Trotz scharfer Kontrolle bei der Zollabfertigung wurde nichts beanstandet. Später konnten wir alles uns anvertraute Gut in Deutschland den Besitzern zustellen. Wir freuten uns, keinen enttäuscht zu haben.

Wir dachten ernst darüber nach, wie wir uns hinsichtlich des Heimtransportes zu verhalten hätten. Das eine war uns klar, daß meine Frau mit den Kindern nach den Anstrengungen der Kriegsjahre und dem unfreiwilligen Aufenthalt im tropischen

Daressalam unbedingt nach Hause zu gehen hätte. Ob aber ich auch mit ihnen gehen sollte, war zweifelhaft. Mich bewegte das Verlangen bei eingetretener Beruhigung des Landes nach Uhehe zurückzukehren. Ich glaubte, gesundheitlich durchhalten zu können. Wir hatten uns sogar bei aufgetretenem Pestverdacht in der Stadt dagegen impfen lassen. Nach langem Überlegen entschloß ich mich zu bleiben, ebenso dachte Bruder Heil. Wir hatten die Kraft, uns noch einmal zu trennen. Meine Frau fuhr mit dem Frachtdampfer, in dem große Schlafräume eingebaut worden waren, mit den Kindern nach Deutschland. Es war mir doch recht schwer, als ich die »Borda« durch die schmale Hafeneinfahrt in den Indischen Ozean hinaussteuern sah.

Meine Frau litt auf der Fahrt sehr unter Seekrankheit, aber besser erging es den Kindern, sie wetteiferten auf dem Schiff, ihrer Mutter auf allerlei Weise zu helfen. Sie wurden nach Rotterdam transportiert und dort vom Roten Kreuz in Empfang genommen, das sie rührend betreute. Für die Kinder war es ein lustiges Schauspiel, die großen Schneeflocken zu sehen, die sich als Sterne auf die Kleider setzten und sich in Wasser auflösten. Von Rotterdam ging es mit der Bahn nach Wesel, wo eine teilnahmsvolle Bevölkerung den Zug der Flüchtlinge aus Ostafrika bis zu einer Kaserne begleitete. Der kleinen Gerda hatte sich ein freundlicher Mann bemächtigt und das Mädel auf seinen Schultern der Mutter nachgetragen. Heinz wußte sich schon gut selbst zu helfen. Die Fahrt nach Berlin ging nicht glatt vonstatten. Häufig blieb der Zug irgendwo stehen, weil der acht Stundentag es dem Personal gestattete, nach Hause zu gehen. Es dauerte immer geraume Zeit, bis Ersatzpersonal die Weiterfahrt nach Berlin ermöglichte.

Im Missionshaus war man von dem Kommen der Ostafrikaner unterrichtet. Die Reisenden erlebten einen herzlichen Empfang.

Bruder Heil und ich lebten im Pfarrhaus bei Pfarrer Willerbach, der den ganzen Krieg über ohne seine Gattin gelebt hatte. Sie war vor dem Kriege nach Deutschland gegangen. Der Ausbruch des Krieges verhinderte ihre Rückkehr. Wir drei Männer im Pfarrhaus halfen uns gegenseitig durch den Tag, auch hinsichtlich der Verpflegung tauschten wir unsere Erfahrungen aus.

Bis dahin hatten die Zurückbleibenden von der englischen Verwaltung Unterstützungsgelder erhalten. Wir dachten, daß es so weitergehen würde. Unter normalen Verhältnissen wäre es möglich gewesen, uns durch den Verkauf von Kokosnüssen zu versorgen. Diese Möglichkeit bestand nicht mehr. Eines Tages wurde bekannt gegeben, daß künftig Unterstützungen nicht mehr gezahlt werden würden. Es wurde der Vorschlag gemacht, nach Deutschland zurückzukehren. Ob wir wollten oder nicht, es blieb uns nichts anderes übrig, als uns zur Heimreise zu rüsten. Es schien uns leichter zu sein, uns mit Wenigem in Deutschland zu begnügen, als in Ostafrika am Hungertuch zu nagen. Es mag wohl im Mai 1919 gewesen sein, als wir beide, Heil und ich, die »Shepstonecastle«, einen für Truppentransporte hergerichteten Frachtdampfer, bestiegen und unsere Heimreise antraten.

Es war ein herber Abschied von dem afrikanischen Land, das ich vor 14 Jahren betreten hatte. Ich war in das Land geschickt worden, trotz mannigfacher Schwierigkeiten und Nöte habe ich doch mit Lust und Freude arbeiten dürfen, zuerst in Ubena und darauf in Uhehe. An Segen hat es nicht gefehlt, wenn es auch durch das Tief dunkler Stunden gegangen war. Vielleicht waren es die vielen Nöte, daß die Arbeit in Uhehe uns so ans Herz wuchs. Durch leichten Druck wurden wir aus »Pommern« nach Iringa in den Strudel kriegerischer Ereignisse hinein gerufen. Darauf wurden wir in Daressalam abgestellt. Wir hofften, daß Daressalam die Brücke sein könnte, zu weiterem Dienst nach »Pommern« zurückzugehen.

Ich musste mich unter dem Zwang der Verhältnisse fügen und nach Deutschland fahren. Sollte ich mich menschlicher Sorge hingeben? Das wußte ich: Gottes Tun, wenn es uns auch nicht gefällt, ist nicht vergeblich, Gottes Sieg ist ewig ausgemacht.

In Deutschland

Mit einer Luxuskabine hatten wir nicht gerechnet. Daß wir aber alle in Hängematten dicht bei dicht, fast in Tuchfühlung kampieren mußten, hat uns anfänglich nicht gefallen. Wir hingen, um einen Vergleich zu gebrauchen, an den Decken der großen Schiffsräume wie Fledermäuse. Es war alles sehr primitiv. Das Eßgeschirr wurde nach den Mahlzeiten in Säcke gesteckt und einige Zeit durch das Meer gezogen, fertig war der Aufwasch. Das Süßwasser war rationiert und wurde nur in kleinen Mengen ausgegeben, aber nur dann, wenn man zur Stelle war. Daß immer wieder Appelle mit Schwimmwesten abgehalten wurden, war durchaus zeitgemäß, aber es war nicht immer leicht, zu den bestimmten Plätzen zu gelangen. Eine Vergnügungsfahrt war der Heimtransport gewiß nicht.

Wenn an Hafenplätzen vor Anker gegangen wurde, verwehrten uns Bajonette das zu nahe Herantreten an die Schiffstreppe. Es wurde uns zu Gemüte geführt, daß wir Gefangene sind. Auf dem Meer dagegen ging alles friedlicher zu. Im Roten Meer wurde es uns sogar gestattet, den unteren Schiffsraum zu verlassen und unsere Hängematten an Maststangen zu knüpfen. Statt in eine – wie in früheren Reisetagen – uns geschenkte freie Welt zu blicken und uns der Herrlichkeiten dieser Erde zu erfreuen, standen wir mit trüben Gedanken an der Reling und schauten müde ins Wasser. Wir schauten den Quallen nach, die im Wasser trieben oder standen am Heck, um am Abend in der Fahrstraße unseres Dampfers dem Meerleuchten nachzusinnen, oder wir standen bisweilen am Bug des Schiffes und blickten auf die Delphine herab, als hätten sie sich vor das Fahrzeug gespannt, um mit rollenden Bewegungen uns durch eine elende Zeit zu ziehen. Die Welt lag im Argen, seelische Not drückte die Gemüter. Beim Aufdämmern eines neuen Tages zeigte sich kein Morgenstern, der uns einen guten Tag innerer Belebung schenkte. Die südliche Sonne konnte uns innerlich nicht erwärmen, und das Licht des Tages schien durch eine Wolkenwand gedämpft zu sein.

Nach wenig genußvoller Fahrt erreichten wir die nordischen Gewässer, um schließlich, wie meine Familie vor einigen Monaten, bei Huck van Holland ins niederländische Land einzubiegen, in einen Rheinarm, der uns nach Rotterdam bringen sollte. Holländer blickten bisweilen zu uns herüber, sie zeigten uns ihre Verachtung, indem sie ihre Fäuste ballten und mit den Daumen nach unten zeigten. Das passte ganz zu unserer Stimmung, unter der wir litten. Das Rote Kreuz in Rotterdam zeigte uns geöffnete Liebesarme unserer Heimat, ohne uns aber rechten Trost spenden zu können. Die Eisenbahn brachte uns nach Wesel in eine Kaserne mit zerschlagenen Fensterscheiben, die vor einigen Monaten meiner Familie Gastrecht gewährt hatte. Hier fand auch ich Unterschlupf für eine Nacht.

Am nächsten Tag begann die Fahrt durch deutsche Lande nach Berlin. Wie war sie aller einstigen Herrlichkeiten beraubt, die Spuren einer stolzen hohenzollernschen Zeit waren zertreten und Berlin, eine entwertete Heimatstadt. Warm und herzlich war der Empfang im Missionshaus, aber meine Familie fand ich nicht vor, sie befand sich zur Erholung im Tropengenesungsheim Tübingen. Zu ihr zog es mich, in ihr war mir doch das Wertvollste im Leben geblieben. Sehr schnell machte ich mich auf den Weg, den Direktor Axenfeld in seiner Freundlichkeit geebnet hatte, daß ich mich mit den Meinen gründlich erholte.

In dem von Liebe gefüllten Tropengenesungsheim haben wir eine erholsame Zeit verlebt. Von Herzen waren wir unserer Mission dankbar für die schönen Tage im württembergischen Land. Mit der Rückkehr nach Berlin begann meine Reisetätigkeit für unsere Mission.

So dankbar ich unserer Mission war, für die erfahrene Fürsorge in mannigfacher Weise, so wurde ich doch in der folgenden Zeit immer bedrückter. Auch in diesem Falle könnte man sagen, »der Mensch lebt nicht von Brot allein«, freundliches Entgegenkommen allein genügt nicht. Mich verlangte danach, von meinem Erleben in Ostafrika der Missionsleitung in Berlin Kenntnis zu geben. Fünf Jahre war es von drüben nicht möglich, Quartalsberichte zu liefern. Wohl war das Bedauern groß, ein schönes Missionsgebiet verloren zu haben, aber das Interesse für die Erlebnisse des Einzelnen dürfte darunter nicht leiden.

Ich hoffte sehr, darüber einmal ausführlich berichten zu können, aber keiner hat mich danach gefragt, so unterblieb jede Berichterstattung. Ein Engländer hatte mir erklärt: »Du wirst dieses Land nicht mehr wiedersehen!« Im Missionshaus schien man es zumindest abgeschrieben zu haben. Die Befragung war unterblieben und so wurde es mir auch schwer, in eigener Entscheidung darüber zu reden.

Wenn ich darüber hätte berichten dürfen, dann wäre ich nicht in der Lage gewesen, mit hohen Christenzahlen zu blenden. Die Hehe sind stolze Leute, die nicht gern ihren Nacken beugen. Sie sind aber Menschen, die, wenn sie das Evangelium annehmen würden, sehr zuverlässig wären.

Wenn ich damals auch von der Zukunft der »Pommern-Arbeit« nichts hätte sagen können, so war es zu ahnen, daß sich gute Hoffnungen unter Gottes Segen erfüllen würden.

Im Missionshaus sind gewiß damals andere Dinge vordringlicher gewesen. Mir aber hat die Reserviertheit Kummer gemacht. Unter solchen Umständen bin ich gern nach Peterwitz bei Jauer gegangen, um von dort aus meinen Missionsdienst in den östlichen Provinzen zu versehen. Im Laufe der Zeit spürte ich auch, daß die Mission es gern sähe, wenn auch ich in eine andere Heimatarbeit hinüberwechselte. Es kam sogar vom Missionshaus die Anfrage, ob ich nicht nach Kaiserswerth gehen möchte, um Innere Missionsarbeit zu betreiben. Es entsprach meiner Stimmung, den Versuch zu machen, damit unsere Mission Entlastung erführe.

Die mir in Kaiserswerth gestellten Aufgaben

Am Ewigkeitssonntag 1921 habe ich in der Kirche Alt-Düsselthal in Düsseldorf vor dem Kuratorium gepredigt. Nach dem Gottesdienst wurde ich in einer Besprechung gebeten, die Leitung der beiden Fürsorge-Erziehungsheime Reckestift-Lindenhof bei Kaiserswerth zu übernehmen. Ich erklärte, ich stünde der Erziehungsarbeit noch fern, darum sei es nötig, vorerst den Versuch zu machen. Es wäre aber auch wichtig, daß das Kuratorium sich überzeugte, ob ich die erforderliche Eignung für die Arbeit hätte.

Mit zäher Energie habe ich mich ein halbes Jahr lang in die mir neuen Verhältnisse eingearbeitet. Es wurde gesagt, ich hätte das Charisma für Jugenderziehung. So blieb ich, es war eine Dauerstellung. Mein pensionspflichtiges Dienstalter wurde ab 1912 gerechnet. Mein Auftrag war, die beiden Anstalten zu verwalten und mich im Turnus mit den anderen Geistlichen an den Predigten in Düsseldorf und Kaiserswerth, später auch in Mettmann, zu beteiligen. Außerdem war ich beauftragt, die Amtshandlungen in den Anstalten und auch in den Angestelltenfamilien der beiden Heime zu übernehmen. Nun zog auch meine Familie von Peterwitz nach Kaiserswerth.

Die Arbeit in den mir anvertrauten Heimen war nicht leicht. Es waren zum Teil schwererziehbare Jungen, die zu betreuen waren. In den sechs Handwerksbetrieben des Reckestifts sollten sie eine Fachausbildung erhalten, die in ihrem Abschluß möglichst zur Gesellenprüfung führen sollte. Der Lindenhof hatte landwirtschaftlichen Charakter, es war ein Gut von 300 Morgen zu verwalten, dem eine Gärtnerei angegliedert war. Es war ganz natürlich, daß ich in der Arbeit der Inneren Mission eine Fortsetzung meines afrikanischen Bemühens sah, so deutlich vielleicht, daß die Jungen mich den »Afrikaner« nannten. Ich legte Wert auf persönliche Fühlungnahme mit den Einzelnen. Wie ich in Ostafrika bemüht gewesen bin, hinter jedem Schwarzen mir sein Stammesleben deutlich zu machen, so stand für mich hinter jedem Zögling seine Familie, aus der er stammte. Viele waren unvollkommen und nicht unschuldig an der Entgleisung der Kinder.

Eine ganze Anzahl von Jungen war aus Nürnberg dem Reckestift überwiesen worden. Mit Zustimmung des Stadtrates Nürnberg machte ich mich eines Tages auf, die Eltern der Nürnberger Buben zu besuchen, weil ich mich zu der Überzeugung durchgerungen hatte, daß die beste Erziehung die ist, die durch eine neue Gesinnung geförderten Jungen der Familie wieder zuzuführen. Die Einschaltung der Familie in den Erziehungsprozeß hat die Arbeit mit den Zöglingen wesentlich erleichtert. Der Gedanke wurde weiterentwickelt, auch die Familien sollten Einblick in das Heimwesen gewinnen. Ein tüchtiger Hausvater war mir darin ein guter Helfer. Er war gesanglich begabt. Aus dem großen deutschen Liederschatz hat er es verstanden, nicht alltägliche Gesänge herauszusuchen und sie mit der ganzen Jungenschar einzuüben, auch ein gut gepflegter Posaunenchor kam zustande. Aus dem Reich der Klassiker wurden Szenen herausgesucht, die eingeübt und zum Vortrag kamen.

Natürlich spielte auch der Sport in jeder Form eine Rolle. In Verbindung mit diesem Bemühen wurden Feste veranstaltet, zu denen die Eltern der Jungen eingeladen wurden. Von weither kamen sie herbei, um bei guter Bewirtung einen Tag der Freude mit ihren Jungen zu verleben. In der Freizeitgestaltung der Jungen wurden auch Forderungen an sie gestellt. Es wurden von ihnen große Erdarbeiten durchgeführt; mit ihrer Hilfe wurde ein Teil des Wassers aus dem ganz in der Nähe liegenden Schwarzbach gestaut und in ein großes von den Jungen vorbereitetes Becken geleitet, das zum Teil Eisenbetonmauern hatte. Der Schwimmteich war groß, er hatte ein eisernes Geländer, das die Schlosserjungen in ihrer Werkstätte fertigten. Das Wasser war so tief, daß es möglich war, von einem Sprungbrett und von einem Turm zu springen. Der Badeteich hatte Zufluß und Abfluß, so daß sich das Wasser immer wieder erneuerte. Diese Badegelegenheit wurde eine Quelle der Freude in den Freizeiten am Mittag und am Abend.

Alle diese Dinge kamen dadurch zustande, weil hinter den Jungen Meister und Erzieher standen, die diese Maßnahmen bewußt unterstützten, weil sie den Betrieben zugute kamen und die Freude der Zöglinge der Arbeit förderlich war. Nebenbei möchte ich bemerken, daß unser Sohn Heinz sich mächtig für diese Dinge interessierte und mitmachte, besonders im Sport. Er verkehrte mit den Jungen ganz kameradschaftlich.

Die Konferenzen, die mit dem Erziehungspersonal geführt wurden, haben oft bis Mitternacht gedauert. Jeder Junge wurde unter die Lupe genommen, um den Ansatzpunkt zu finden, von dem aus er zu behandeln wäre. Die Meister und Erzieher, oft schlichte Leute und Berufsgesellen, machen mich noch heute dankbar, für ihre gute Mitarbeit. Unter ihnen steht als hervorragender Mitarbeiter der Erzieher und Junglehrer Hermann Erbstösser, ihm habe ich viel zu danken. Er schrieb mir: »Gott sei gedankt dafür, daß unsere Gemeinschaft über Länder und Meere hinweg bestehen durfte, begünstigt durch die unvergesslichen Jahre im Reckestift«. Die eingehenden Besprechungen über die Erziehungsarbeit führten uns dahin, Zöglingen neben kleinen Geldprämien auch die Freiheit zu gewähren, am Sonntag ohne Aufsicht allein auszugehen. Schon beruflich hatten sie draußen mancherlei zu tun, aber ein freier Sonntag war doch etwas Besonderes. Auf der einen Seite wurde ihr Selbstgefühl gestärkt, so daß sie pünktlich wieder zur Stelle waren, und auf der anderen Seite wurde der Eifer bei anderen geweckt, auch in den Genuß solcher Freizeit zu kommen, die nach eigenem Wunsch gestaltet werden konnte. Unser Vertrauen zu dieser Erziehungsmaßnahme wurde nicht enttäuscht. Was im Kleinen hinsichtlich der erzieherischen Maßnahmen erarbeitet wurde, wurde beeinflußt durch die Überlegungen bei den Konferenzen der verschiedenen Anstaltsleiter unter Direktor Schlegtenda.

Es waren mit dem Direktor hier noch vier, zu denen auch einige Jahre der damalige Pastor Grüber gehörte. Er leitete eine Anstalt für Schulpflichtige in Alt-Düsselthal. Später übernahm er die Leitung einer Erziehungsanstalt in Templin. Seine hingebende Arbeit für die Juden ist nicht unbekannt. Als ich ihn nach Jahren bei einem Besuch in Berlin gelegentlich eines Gottesdienstes in St. Marien begrüßte, war die Freude beiderseitig herzlich.

Während meines Dienstes bei den Düsselthaler Anstalten, bekam ich vom Missionshaus die Anfrage, ob ich nicht in die Arbeit nach Ubena zurückkehren möchte. Diese Anfrage berührte mich etwas eigenartig, denn inzwischen war ich nach zehnjährigem Dienst in Kaiserswerth heimisch geworden, wenn ich auch noch mit großer Liebe an die Jahre in Ostafrika dachte.

Dazu kam, daß ich keine wirtschaftlichen Nöte hatte, es ging mir im Gegenteil sehr gut. Sorgen für die Zukunft brauchte ich nicht zu haben. Natürlich hing ich an meiner in Ostafrika unfertig gelassenen Arbeit. Ich neigte mehr dazu, in Kaiserswerth zu bleiben. Es kam aber anders, als ich erfuhr, die Schwarzen seien es, die um meine Rückkehr baten. Das war doch etwas anderes als der Ruf der Missionsgesellschaft. Jetzt wurden die Überlegungen ernster. Zudem schalteten sich meine Kinder Heinz und Gerda ein.

Es sei wohl angebracht, meinten sie, daß ich nach Ostafrika zurückkehre, wo ich die Sprache kenne, die nur in vielen Jahren zu erlernen sei. Die Arbeit in Kaiserswerth dagegen könne auch von einem anderen getan werden. Die Arbeit der Inneren Mission, so wichtig sie auch sei, könne nicht mit dem Dienst in der Äußeren Mission verglichen werden. Der Ruf aus dem Bena-Land sei wie der Ruf des Mazedoniers, nicht zu überhören.

Meine Frau kannte die wirtschaftlichen Vorzüge von Kaiserswerth, sie wußte, daß die Missionsarbeit ein Dienst der Einschränkungen ist, aber sie sagte: »Wo Du hingehst, da gehe ich auch hin!« Auch ihr Herz hing an Afrika um des dort geleisteten Dienstes willen. Es war nicht leicht, die richtige Entscheidung zu treffen, denn ich schwankte. Ich suchte Pastor Graf von Lüttichau, den Leiter der Kaiserswerther Diakonissenanstalt, auf und bat um seinen Rat. Es war ein hartes Ringen und ein ernstes Fragen im Gebet. Endlich hatte ich mich durchgerungen. Die Bereitschaft meiner Frau und unserer Kinder, die ihre Ausbildung nahezu beendet hatten, sich von uns um der größeren Sache willen zu trennen, ließen mich das Ja sagen.

Ich stellte mich der Berliner Mission zur Verfügung und bat sie, mich noch einmal zu rufen, um der Leitung der Düsselthaler Anstalten gegenüber eine Handhabe zu besitzen, meine Trennung von ihnen einzuleiten. Als ich in der Neujahrsnacht 1931 den in unserer Wohnung versammelten Angestellten eröffnete, daß ich mich entschlossen hätte, nach Afrika zurückzukehren, weil an mich ein klarer Ruf ergangen sei, waren alle verblüfft, Frauen weinten. Direktor Schlegtendal bedauerte meine Entscheidung, aber er verstand sie. Ein gutes Verhältnis zu ihm hat auch nach meinem Fortgang weiterbestanden.

Bei einem Abschiedsabend, der reich ausgestaltet worden war, wo viel geboten wurde, war auch Herr Idenbruch, der mir geschickt wurde, um einen Teil unseres Besitzes transportfähig zu verpacken, zugegen. Nach der Abschiedsfeier sagte er in seinem Berliner Dialekt: »Wat, hia wolln Se weggehen, wo Se so geehrt wern. Warum wolln Se bloß wieda zu de Wilden jehn?«

Bald kam der Abschied. Mein Kollege von Neu-Düsselthal, brachte uns nach Duisburg, von wo wir unsere Reise nach Berlin antraten. Ein wichtiges Kapitel unseres Lebens war zu Ende gegangen. Als ich später in Ostafrika war, erhielt ich eines Tages einen Brief von einem Zögling aus dem Reckestift. Der Brief war mir sehr wertvoll, so daß ich ihn aufbewahrte und später mit nach Deutschland brachte. Leider ist er bei der Flucht aus Schlesien mit vielen anderen Sachen verloren gegangen. Es war ein sehr langer Brief, in der Hauptsache hieß es: »Wir Zöglinge aus dem Reckestift danken Ihnen sehr, daß Sie in uns nie schlechte Menschen sahen. In unseren Fehlern sahen Sie die Folgen falscher Lebensführung, die Sie bemüht gewesen sind abzustellen. In diesem Sinne danken wir Ihnen im Namen vieler Zöglinge«. Als in der Schreinerei ein Koffer repariert werden mußte, hatten sich viele Jungen mit ihren Namen in ihm eingetragen.

Unsere Tochter Gerda begleitete uns nach Berlin. Sie hatte den Plan, auch einmal als Schwester nach Ostafrika zu gehen. Sie wurde von der Mission als Anwärterin betrachtet. Aber da tauchte Karl Klaus auf und nahm Gerda in Beschlag, das geschah mit Wissen der Missionsgesellschaft. Ihre Verlobung erfolgte aber erst nach seinem Examen.

Unser Heinz besuchte die Kolonialschule in Witzenhausen mit dem Ziel, Kolonial-Diplomlandwirt zu werden. Mit meinem Gehalt in Kaiserswerth hätte ich seine Ausbildung leicht finanzieren können. Mit dem kleinen Missionarsgehalt in Ostafrika war das aber nicht möglich. Unsere Mission trat helfend ein. Wenn auch die Mission uns Unterstützung gewährte, so fühlten wir uns doch in Afrika recht eingeengt und in Verlegenheit gebracht, weil unsere Kinder in Deutschland manches zur Ergänzung nötig hatten, was die Mission ihnen nicht gewährte. Das war manchmal sehr bitter, weil wir auch eine zwanzig prozentige Gehaltskürzung zu ertragen hatten. So waren die Jahre in Ostafrika nicht ganz sorgenfrei.

Wir hatten Gelegenheit, vor unserem Abschied von Deutschland mit unseren Kindern froh beisammen zu sein. Allmählich nahte der Tag der Trennung. In einem größeren Kreise von Missionsleuten wurden wir in der Zionskirche, im Norden Berlins, verabschiedet. Mir wurde es wieder vergönnt, die Abschiedspredigt vor einer großen Missionsgemeinde in der übervollen Kirche zu halten. Ihr lag wie 1905 als Text Psalm 27:1 zugrunde.

Bald darauf rüsteten wir uns zur Abreise. Unsere beiden Kinder begleiteten uns nach Hamburg, und sogar bis aufs Schiff. Wir schieden froh voneinander, ohne zu ahnen, daß wir eines Tages in Ostafrika vereint sein würden.

Zurück nach Afrika

Diesmal ging unsere Reise an der Westküste Afrikas entlang, sie zeigte uns andere Bilder, die wir gern in uns aufnahmen. Wir fuhren ums Kap herum, weil wir den Vorzug genießen sollten, Eindrücke aus Südafrika nach Ostafrika mitzunehmen. Bei der Missionsleitung war der Gedanke bestimmend, im Bena-Land ein Helferseminar aufzubauen, aus diesem Grunde sollte ich Ausbildungsstätten in Südafrika besuchen, um mich für den Dienst in Ostafrika vorzubereiten. Auf diese Weise lernte ich auch die Station Emmaus kennen. Es war doch ein schöner Auftakt für meine künftige Arbeit.

Einen Monat etwa hielten wir uns in Südafrika auf, in Durban waren wir an Land gegangen. Wir haben auf diesem Abstecher viel gesehen, auch Johannesburg. Von Johannesburg aus fuhren wir wieder zur Küste, um von Lourenco Marques nach Daressalam weiterzufahren, zu einer Stadt, die viele Erinnerungen für uns barg.

In jenen Tagen hatte Schwester Anna von Waldow eine Zusammenkunft mit Helferfrauen. Sie bat mich, zu den Frauen zu reden. Im Kiswahili war meine Zunge etwas ungelenkig. Als ich aber die Frau von Martin Ganisya sah, die vor vielen Jahren als Sklavenmädchen nach Kiserawe verschlagen wurde und dann später seine Frau wurde, war ich froh.

Ich sagte den Frauen, daß ich eine schwere Zunge hätte wie Moses, aber ich habe hier einen Aaron in Anna, sie möge meine Worte, die ich in Kibena-Kihehe spreche, dolmetschen. Anna war im Hehe-Land geboren, ihre Muttersprache hatte sie noch nicht vergessen. Das war sehr gut. Mit der Bahn ging es nach Dodoma und von dort per Auto nach Iringa. Wir hatten die Freude, »Pommern« wiederzusehen, und mit Bruder Neuberg war es mir vergönnt, eine Safari durch das Udzungwe-Gebirge zu machen. Viele bekannte Gesichter konnte ich sehen. Der Häuptling Mugwadila, der mir einst ein guter Freund gewesen war, brachte mir persönlich zur Begrüßung ein Schaf. Der inzwischen altgewordene Mann scheute nicht den Weg mich wiederzusehen. Von Iringa aus mußte ich allein mit dem Auto nach Kidugala fahren. Meine Frau blieb zurück zur Pflege einer Missionarsfrau, der Zwillinge geschenkt worden waren.

In Kidugala wurde ich mit Freude empfangen. Es gab viele Hände zu drücken. Ihrer Herzlichkeit gaben sie dadurch Ausdruck, daß sie nach alter Gewohnheit auf das Handgelenk der Grußhand die Linke legten und meine Hand einige Zeit festhielten. Ein alter Bekannter war bei ihnen eingekehrt, der außerdem den Auftrag hatte, bei ihnen zu bleiben. In Kidugala selbst saßen schon seit einigen Jahren die trefflichen Heddes. Sie hatten schon Ordnung geschaffen. Herr Hedde hatte das zerstörte große Wohnhaus wieder bezugsfähig gemacht. Die Südafrikaner hatten sogar die doppelten Zimmerdecken aufgerissen und in den Balkenzwischenräumen nach versteckten Sachen gesucht. Frau Hedde, eine ehemalige Lehrerin, unternahm es, begabte Schüler aus der Stationsschule auszusuchen, um mit ihnen ein kleines Seminar zu eröffnen. Es war also nach dem häßlichen Interregnum mancherlei geschehen, woran anzuknüpfen war.

Aufs Ganze gesehen waren die Verhältnisse gegen früher verändert. Die einst von uns so wohltuend empfundene Vertrautheit war nicht mehr allgemein. Die Not, die die ins Land geführten Völkerschaften brachten, hatte auch sie getroffen. In alten Zeiten war es die Rinderpest, die die Menschen ihres Viehbesitzes beraubte. Jetzt war nach der Invasion fremdes Vieh aus Südafrika ins Land gekommen. Viehkrankheiten, gegen die die südafrikanischen Rinder eine gewisse Immunität besaßen, lebten in ihnen latent weiter. Sie wurden den ostafrikanischen Rindern gefährlich. Rinderseuchen traten auf und rafften das Vieh dahin. Und was war nicht noch alles geschehen, die Menschen in ihrem Wesen zu verändern. Zudem waren Familien durch das Kriegsgeschehen auseinander gerissen worden. Eine Doppelarbeit schien sich mir aufzudrängen: dem einzelnen zu helfen und der Gesamtheit des Stammes zu dienen.

In dem Dienst der Inneren Mission haben mir die Erfahrungen der Äußeren Mission gedient. Bei meinem Neueintritt in den Missionsdienst wurde mir klar, daß ich nicht ohne Grund der Inneren Mission gedient hatte. Die auf diesem Gebiet gesammelten pädagogischen Erfahrungen könnten mir vielleicht zu einer Hilfe werden, mich auf besondere Wege zu führen. Im Übrigen war ich Willens, Wege zu gehen, die den Erkenntnissen Direktor Knaak's entsprachen, sie waren mir überzeugend klar. Bei meinem Einleben wurde mir deutlich, daß ich in einen schwierigeren Dienst zurückgekehrt war, als den ich vor Jahren in »Kidugala-Pommern« getan hatte. Wenn es mir im Reckestift geschenkt worden war, mit den Angestellten und ihren Familien in guter Verbundenheit zu leben, die sich in der Zöglingserziehung auswirkte, so drängte sich mir bald der Gedanke auf, auf solches Geschenk in der Bena-Arbeit verzichten zu müssen. Jeder hat wohl nach bestem Wissen und Willen seine Aufgabe getan, aber Eintracht bestand nicht, das Gemeinschaftsleben war krank.

Als 1931 Direktor Knaak ankam, war es Adventszeit. Er sollte mit Gesang der Gemeinde am Eingang der Station begrüßt werden. Als ich die Lieder mehrstimmig einübte, staunte ich, wie leicht die Christen auch die Unterstimmen aufnahmen. Als junger Missionar in Kidugala hatte ich seinerzeit versucht, einstimmige Gesänge einzuüben. Ich weiß noch ganz genau, es war das Lied: »Herr Jesu Christ, dich zu uns wend ...«. Es war in B-Dur gesetzt. Ich habe meine Violine fast zerkratzt, weil die Sänger das »H« nicht kriegten, es war zum Verzweifeln. Später wurde mir klar, daß ihnen das Ohr für unsere Gesangesart noch nicht aufgegangen war. Sie lebten noch völlig in der Pentatonik, im Rahmen der fünf Töne der Eingeborenengesänge.

Auch später habe ich beobachtet, daß gerade bei diesem Lied das Gefühl der Schwarzen sie anders führte. Jedoch nach einem Zwischenraum von 25 Jahren war es anders geworden, das Ohr hatte sich inzwischen geöffnet. Es war eine Freude, wie sicher sie sangen und die Unterstimmen beherrschten. Das machte Mut, den Gesang weiter zu pflegen. In der Schule wurden unsere Kernlieder drei- und vierstimmig von den Kindern eingeübt und dann als Chorlieder bei den Gottesdiensten gesungen. Die Gemeinde hörte sie mit Freude an. Bald erschien sie mit der Bitte, Lieder in dieser Gesangesart auch zu singen. Nach den Morgenandachten wurden Gesangübungen gehalten, so daß schließlich die Gemeinde auch die Unterstimmen beherrschte.

Auf diese Weise lernte sie mehrstimmig zu singen. Im Laufe der Zeit war eine ganze Anzahl vielstimmiger Lieder entstanden. Sie bedeuteten eine Bereicherung des Gottesdienstes. Unser Missionsdirektor erlebte die ersten Anfänge dieser auch für die Christen neuen Art. Im Laufe der kommenden Jahre machten sich die Schulkinder mit ihrem Lehrer Jelemija Mulagala auf den Weg, auch in Außengemeinden mehrstimmige Lieder hineinzutragen. Jubelnd kam die Schulgruppe stets nach ihrer Bezirksreise zurück, die erhaltene Verpflegung hatte ihnen gut getan.

Die Rückkehr der evangelischen Mission einige Jahre nach dem Ersten Weltkrieg ist gewiß von entscheidender Bedeutung für eine gesunde Weiterentwicklung des Missionswerkes im Nyassa-Gebiet gewesen. Der neuerteilte Auftrag konnte nach den Erschütterungen des Ersten Weltkrieges nur mit wenigen europäischen Kräften übernommen werden. Weil missionarische Kräfte nicht in ausreichender Anzahl vorhanden waren, und besondere Ereignisse auf dem Missionsfeld dazukamen, die eine sprunghafte Entwicklung verursachten, mußte sich in der Arbeitsführung der Schwerpunkt verlagern. Es wurde nötig, nicht allein mehr Helfer in der alten Weise für die Arbeit zu suchen, sondern auch Afrikaner zum verantwortlichen Dienst an die Seite der Missionare zu stellen. Aus dem Werk waren afrikanische Pastoren hervorgewachsen, deren Aufgabe es wurde, die Sakramente zu verwalten und die zur Leitung von Gemeinden beauftragt werden konnten. Es wurde eine Anzahl von Schwarzen, die seit vielen Jahren sich als Helfer und Lehrer betätigt hatten, eine gute Bibelkenntnis besaßen und über christliche Erfahrungen in Glaubensdingen verfügten, gerüstet, geschult und durch Ordination als »Hirten der Gemeinde« zum Predigtamt berufen. Diese Männer nahmen den Missionaren viele Missionsreisen durchs Land ab und betätigten sich im Hirtendienst in selbständiger Weise. Es war Saat für die Zukunft. Von dem Dienst der aufrechten schwarzen Brüder im Missionsgebiet kann nur mit großer Dankbarkeit gesprochen werden.

So begann in der kommenden Zeit eine segensreiche Arbeit zusammen mit Ananidze Kgungu. Es wurde beschlossen, recht bald eine Reise nach dem Luhudzi zu unternehmen. Bei dieser Gelegenheit sollte auch der Oberhäuptling Pangamahuti besucht werden. Ananidze hatte schon bald nach dessen Ernennung zum Oberhäuptling von Ubena die Verbindung mit ihm aufgenommen und damit begonnen, die Erinnerung an ihre in Freundschaft verlebten Kindheitstage neu zu beleben.

Auf den häufigen Reisen, die in der kommenden Zeit unternommen wurden, war Ananidze mein freudiger Begleiter. Wir gingen nach einem Plan vor, um allen Bezirken des Missionsgebietes gerecht zu werden. Bevorzugt behandelt wurden Orte an der unruhigen Luhudzi-Grenze. Bei der Entscheidung, welche Helfer für die Besetzung der wichtigsten Plätze in Frage kämen, und wegen der besseren Kenntnis der

Verhältnisse und der Beurteilung der einzelnen Helfer gab Ananidze stets den Ausschlag. Er hatte seine besonderen Erfahrungen gesammelt und wußte auch die erforderlichen Helfer so einzusetzen, daß es ihnen nicht schwer war, sich der Eigenart der Unterhäuptlinge anzupassen. Da nicht jedes Dorf einen eigenen Helfer und Lehrer bekommen konnte, wurde es den Helfern zur Pflicht gemacht, regelmäßig die umliegenden Ortschaften zu besuchen und die Bewohner mit der Botschaft des Evangeliums bekannt zumachen.

Im Jahre 1933 erlebten wir die Freude, Karl Klaus im Bena-Land begrüßen zu können. Es war an einem Nachmittag, wir waren gerade auf einem Spaziergang, plötzlich stand Karl vor uns. Das war aber eine große Freude! Es war eine schöne Zeit frohen Beisammenseins. Mit großem Eifer und anhaltender Energie begann er die Sprachenarbeit. Er war vor anderen einer, der sich meine Erfahrungen zu eigen machte, sich ganz auf die Erlernung des fremden Idioms zu stürzen. Bei seiner Begabung ist er schnell vorangekommen. Außerdem ist er mir in vielen anderen Dingen eine große Hilfe gewesen. Was ich später anderen nicht aufbürden wollte und auch nicht konnte, hat er mit Bereitwilligkeit und Geduld getan. Es war ein gutes Zusammenleben, von dem er einmal sagte, daß man in der Wahl seines Schwiegervaters vorsichtig sein müsse, es wäre gut, wenn er nicht Superintendent wäre. Es ist wohl immer eine Gefahr, seine Kinder zu überfordern.

Ein Jahr später tauchte unsere Tochter Gerda auf, die in die Aufgaben einer angehenden Missionarsfrau hineinwachsen sollte. Es war dem Verlobten eine große Freude, seiner Braut nach Dodoma entgegenfahren zu können, aber auch die Mutter ließ es sich nicht nehmen mitzureisen, um ihre Tochter im Gogo-Land an der Bahn zu begrüßen. Auch Bruder Dr. Tscheuschner war von der Partie.

Da jedem Besucher Kidugalas, wenn irgend möglich, eine Aufgabe gestellt wurde, so wurde auch er gebeten, einige Unterrichtsstunden bei den Anwärtern, die sich für die Ordination rüsteten, zu übernehmen. Er hat das gern getan und behandelte mit den angehenden Pastoren den zweiten Petrus-Brief. Von Karl Klaus mußten wir uns zeitweilig trennen. Bis zur Zeit seiner Verheiratung ging er nach Ilembula, wo Bruder Priebusch sehr bemüht war, ihm das richtige Kibena beizubringen, ohne aber zu ahnen, daß er die Aufzeichnungen benutzte, die ich zusammengestellt hatte.

Am 22. Januar 1935 feierten wir in Kidugala Hochzeit. Unsere geliebten Kinder standen am Traualtar. Schon am nächsten Tag reisten sie nach Jakobi, wohin sie versetzt worden waren. Jakobi hatte einen Missionar nötig, die Station war gefährdetes Gebiet.

Nach dem Ersten Weltkrieg wurde uns die Station Milow genommen und einer englischen Mission (Afrika-Inland-Mission) zugesprochen, die sich außerdem um

Jakobi bemühte. Sie hatte sich dort so fest eingerichtet, daß sie sich das Recht der Priorität im Halten des Gottesdienstes aneignete. Erst an zweiter Stelle standen unsere alten Jakobi-Christen.

Im Jahre 1933 waren wir, meine Frau und ich, für zwei Wochen nach Jakobi gegangen. Im Aufstand (19. September 1905) war die Station, soweit sie damals ausgebaut war, von den Aufständischen zerstört worden. Was vernichtet worden war, wurde nach dem Aufstand wieder aufgebaut und ein großes Wohnhaus hinzugefügt.

Im Ersten Weltkrieg wurde die Station von den Südafrikanern heimgesucht. In ihrem Gefolge waren Leute, die es besonders auf Beute abgesehen hatten. Sie suchten nach versteckten Sachen, aber sie suchten vergeblich, denn es war nichts versteckt. Das ärgerte die fremden Schwarzen. Sie bemächtigten sich des Kirchenpflegers, der auch im Krieg seine Aufgabe in der Säuberung der Kirche versah. Die Schwarzen hinter der Front nahmen ihn fest, unter Folterung sollte er Verstecke angeben. Mit auf dem Rücken gebundenen Armen wurde er zu einem Baumast emporgezogen mit der Forderung, Auskunft zu geben. Mit verrenkten Gliedern ließ man ihn liegen; er ist nicht mehr ganz gesund geworden.

Auch dem großen Wohnhaus wurde übel mitgespielt, es war eigentlich kein Raum bewohnbar. Bei unserem zweiwöchigen Besuch wurde wenigstens ein Raum brauchbar gemacht. In folgenden Besprechungen mit der englischen Mission beanspruchten wir das Recht, unsere Gottesdienste zuerst zu halten, weil sie vorher nur unpünktlich stattfinden konnten. Die Afrika-Inland-Mission ging darauf ein, sie baute sich aber auf der anderen Seite des Hakafilo eine primitive Kirche. Dadurch wurde die Jakobi-Kirche ganz frei. In der Folgezeit wurde das Wohnhaus von Herrn Skroblies hergerichtet, so daß Bruder Klaus nach der Hochzeit die Arbeit beginnen konnte.

Seines Bleibens war aber in Jakobi nicht lange, da er beauftragt wurde, wegen des Ausscheidens eines Kollegen, die begonnene Seminararbeit in Kidugala weiterzuführen. So kam es, daß wir unsere Kinder auf derselben Station bei uns hatten und durch die Arbeit besonders verbunden waren. Die Seminararbeit entwickelte sich gut. Es wurden Schülerhäuser gebaut, es entstand ein Posaunenchor.

Bruder Klaus bemühte sich auch mit Erfolg bei der Leipziger Mission um einen »first grade teacher«. Er hieß Veaheli. Dieser treffliche Lehrer übernahm später das Seminar, da Bruder Klaus gern eine selbständige Stationsarbeit wünschte. Er ging 1938 nach Lupembe. Auch nach unserer Internierung wich Veaheli nicht vom Seminar, er leitete es bis zu den Tagen der Übernahme der Missionsarbeit durch die schwedische Vaterlandsstiftung.

Der Familie Kläusen wurde in der Zeit ihres Wirkens in Kidugala zwei Kinder geschenkt. Annemarie wurde 1935 geboren und Joachim stellte sich zu unserer aller

Freude 1937 ein. Als unser lieber Heinz seine Ausbildung in Witzenhausen mit einem Diplom abgeschlossen hatte, stellte er sich unserer Mission zur Verfügung. Er bekam den Auftrag, die Leitung der beiden Kaffee-Plantagen Manow und Itete zu übernehmen. Ohne daß wir jemals den Gedanken gehegt hatten, einmal in Ostafrika beisammen sein zu können, fanden wir uns doch zu einem gemeinsamen Leben im Nyassa-Gebiet zusammen, von Heinz nur durch das Livingstone-Gebirge getrennt.

Ich hatte die Freude (ich glaube, es war im August 1935), ihn in Daressalam zu empfangen und seiner Mutter in Kidugala zuzuführen. Schon wenige Tage später drängte es ihn, nach Manow weiterzureisen, um seine Arbeit mit Freude zu beginnen. Ein Jahr später kam seine Braut Erika Brommer, eine Försterstochter aus dem Tiefborn-Tal bei Bad Berka, ins Land. Wir hatten in den Tagen, vor ihrer Ankunft in Dodoma, das Vergnügen, gemeinsam nach Norden zum Kilimandjaro zu fahren. Ich konnte mir das von Bruder Rother geleitete Helfer- und Predigerseminar in Marangu ansehen und Besprechungen über den beabsichtigten Kirchenbund auf lutherischer Grundlage führen sowie die Kaffee-Kulturen von Heinz anschauen.

Auf der Rückreise nahmen wir in Dodoma Missionsinspektor Braun in Empfang und seine Mitreisenden, zu denen auch Erika Brommer gehörte. Über Iringa ging es dann nach Kidugala, wo frohe Hochzeit gehalten wurde. Vor demselben Altar, vor dem zwei Jahre zuvor seine Schwester Gerda gestanden hatte, wurde jetzt Heinz mit seiner Erika von mir zum Ehebund vereinigt. Die äußere festliche Veranstaltung mit dem Hochzeitsmahl wurde von Gerda gut besorgt, weil die Mutter leider nicht diesen Dienst übernehmen konnte. Sie befand sich in Deutschland zur Operation. Bei einem Besuch, den wir unserem noch ledigen Sohn in Manow gemacht hatten, stürzte sie auf dem moosigen und glatten Boden auf der Veranda des Hauses und zog sich eine schwierige Knieverletzung zu. Sie hatte in der Folgezeit mehrere Monate große Schmerzen gehabt. Da in Bumbuli (Usambara) die Operation nicht erfolgen konnte, war eine Reise nach Deutschland unerläßlich. Im Paul-Gerhardt-Stift wurde die Operation durchgeführt. Durch den Sturz war im Kniegelenk das Kreuzband gerissen und der Meniskus gesplittert. Die Operation war so glücklich verlaufen, daß meiner Frau die volle Gehfähigkeit durch den ärztlichen Eingriff wiedergeschenkt wurde.

Unser Heinz mit seiner Erika hatte sich in Manow ein gemütliches Heim geschaffen, es war nicht von ungefähr, daß die Kläuse dort ihre Ferien gern verlebten. Zudem waren Heinz und Gerda sich sehr zugetan und Karl war ihnen ein guter Geselle. Es war auch schön, die Reize des Konde-Landes zu genießen. Dazu lockte der Nyassa-See, den man bei klarem Wetter in der Ferne erkennen konnte. Reizvoller war es aber, eine Reise zum See zu machen.

1937 durften sich Heinz und Erika über die Geburt ihrer Tochter Renate freuen. Dem Mädel folgte 1939 der Sohn Manfred.

Ein sehr lieber Besuch in Ostafrika erschien in Missionsinspektor Braun. Ihm waren von der Leitung in Berlin besondere Aufgaben gestellt worden. Er war auf allen Stationen ein lieber Gast.

Im Bena-Land interessierte ihn besonders die im Laufe der Jahre von Kidugala aus veranstalteten Bena-Missionsfeste. Anfang Dezember 1936 hatte Ananidze Kyungu ein solches in Mdandu vorbereitet. Seit dem 5. Oktober 1934, dem Tage der wichtigen Helferentscheidung, war eine Bewegung in Gang gekommen, die zwei Jahre später in der Mdandu-Veranstaltung einen sichtbaren Ausdruck fand. Wichtig an dem Bena-Fest war, daß Ananidze Kyungu sie selbständig mit Christen der vielen kleinen Gemeinden zustande brachte; es war ein Zeichen dafür, daß die Christen auf den Weg geführt worden waren, sich im Stammesleben zu beweisen.

Ananidze, mit den Erfahrungen früherer Jahre, ging frisch ans Werk. Seine ganze Mdandu-Gemeinde zeigte sich willig, durch jede notwendige Dienstleistung den Plan zur Verwirklichung zu bringen. Es galt, den großen Platz neben der Kapelle zu roden, Bäume zu fällen und viele Wurzelstöcke auszugraben. Das gewonnene Terrain war einzuebnen und die große Fläche an der durch Wind gefährdeten Seite mit einem Windschutz zu versehen. Ein langes Holzgestell wurde mit Gras überkleidet. In der vorgeschrittenen Jahreszeit war Gras schon knapp. Es mußten weite Wege gemacht werden, um es herbeizuschaffen. Alle Arbeiten wurden mit freudiger Bereitschaft von Männern, Frauen und Kindern geleistet.

Der Gedanke, einen Teil der Feier in die Kapelle zu verlegen, wurde als undurchführbar abgewiesen. Es wurde mit einem Zustrom vieler Leute gerechnet. Es sollte ein Fest ganz im Freien werden. An günstiger Stelle wurde eine Kanzel aufgebaut, auf ihr sollten die Redner nicht nur gut zu sehen sein, sondern auch gut gehört werden.

Endlich war der festliche Dezembertag 1936 angebrochen. Die Festbesucher sammelten sich. Von allen Seiten marschierten die Schüler vieler Buschschulen mit jubelndem Gesang, Flöten und Pauken in Begleitung ihrer Lehrer heran. An langen Stöcken flatterten ihre Wimpel. In großen Scharen strömten Männer und Frauen aus der Mdandu-Gegend herbei und bevölkerten den Platz. Etwa 6.000 Besucher waren es, die sich eingefunden hatten, um einen Tag besonderer Art zu erleben.

Wie festlich war alles! Die Frauen im Schmuck bunter Tücher, Kinder mit frohen Gesichtern. Mit Speeren waren die Männer gekommen. An der langen Kapellenwand lehnten ihre Waffen. Schließlich saßen die Menschenmassen dicht gedrängt beieinander.

Posaunentöne erklangen. Vierstimmige Chöre klangen über den Festplatz. Christen sangen ihre Glaubenslieder. Die Heiden beteiligten sich am Gesang solcher Lieder, die im Tonfall afrikanischer Gesänge eingeschaltet wurden. Es war ein buntes, lebendiges Bild. In froher Stimmung und mit großer Aufmerksamkeit verfolgte die große Versammlung alles, was auf dem Festplatz geschah und was geredet wurde. Besonders richtete sich das Augenmerk auf den »Vater«, der aus Deutschland gekommen war, die Grüße der deutschen Missionsgemeinde zu bringen. Freudig wurden seine Worte aufgenommen.

Manche gute Ansprache konnte man hören. Mehr als die Weißen führten Schwarze das Wort. Alle bemühten sich praktisch von der Unsicherheit der Zeit, von der beherrschenden Lebensangst der Menschen und ihrer Überwindung zu reden.

Neben anderen sprach auch Ananidze, der Hirte der Gemeinde, und der treffliche Regierungsschreiber Mutendzi Kihaka. Beide waren Männer »scharfer Pfeile«. Sie wussten sie nicht nur gut zu schnitzen, sondern auch zielsicher abzuschießen. Bisweilen fühlte sich mancher Zuhörer in seinen heidnischen Verstrickungen stark getroffen, so daß er das Gefühl hatte, von einer vorher ihm unbekannten Seite angesprochen zu sein mit einem Wort, das ihn in Unruhe versetzte. Hier richteten sich Angriffe auf die heidnische Lebensart ihrer Stammesbrüder und Schwestern. Sie redeten aus der Fülle eigener Erfahrungen. Als Kinder hatten sie ja selbst Amulette an Hals, Arm und Fuß getragen. Ihre Mütter in ihrer Fürsorglichkeit hatten sie damit geschmückt. Für diese Zaubermittel mußten sie manchen Korb mit Lebensmitteln zum Medizinmann tragen, damit ihre Kinder vor Ungemach bewahrt bleiben möchten.

Es waren die Devisenbestimmungen aus dem Jahre 1934, nach denen es nicht mehr gestattet werden sollte, die von Missionsfreunden gesammelten Missionsgaben den deutschen Missionsfeldern zuzuführen, auch nach Ostafrika nicht. Die für den Dienst in dem Bena-Missionsgebiet erwählten Missionare erkannten die Gefahr, die nach menschlichem Ermessen eintreten müsse. Wie sollten die etwa 300 eingeborenen Mitarbeiter entlohnt werden? Welche Verlegenheit würde ihre Entlassung bringen? Darin waren sich die Missionare einig, daß bei einer notwendigen Einschränkung die Verkündigung nicht leiden dürfe.

Wenn sich auch die Opferwilligkeit in den Gemeinden allmählich steigerte und die Kirchengelder nach einer Neuordnung einer Zentralstelle zugeführt wurden, um auf alle Helfer im Gesamtbezirk gerecht verteilt zu werden, so war es doch wenig, was der einzelne bekam. Wenn bisweilen nur 75 Cent bis zu einem Schilling im Monat an die Helfer ausgezahlt wurden, so ging das gegen das Empfinden des zahlenden Missionars, einem Mitarbeiter das zu bieten, der fünf Tage in der Woche seinen Schuldienst versah und am Sonntag vielleicht zweimal zu predigen hatte. Er wurde immer wieder beschämt durch die Art, wie das Geld ohne Klage und ohne Murren entgegengenommen wurde. Die Gabe schien dem Empfänger wohl doch wertvoll zu sein, an ihr hing ja die Opferfreude seiner schwarzen Brüder und Schwestern. Die Helferfrauen spürten am meisten den geringen Verdienst ihrer Männer. In ihren Händen lag die Verpflichtung, das tägliche Brot herbeizuschaffen. Sie ermöglichten das dadurch, daß sie fleißig in ihren Gärten arbeiteten und sich durch Zucht von Hühnern kleine Nebeneinnahmen verschafften.

Die Gemeinden ließen ihre Helfer nicht allein. Wohl waren sie überrascht, aber auch sichtlich erfreut über die Dienstbereitschaft ihrer Helfer und Lehrer. Bei solcher Willigkeit, sich für die Sache der Gottesbotschaft einzusetzen, fühlten sich die Christen gedrängt, an die Seite dieser Männer zu treten. Gott hatte dem Werk einen neuen Tag geschenkt.

Dieses große Geschehen gab dem einige Wochen später gefeierten Reformationsfest seine besondere Weihe. An diesem Tage konnten in Lupembe acht, in langjährigem Dienst geübte und erfahrene Männer zum Predigtamt ordiniert werden, um als »Vadimi va Lukombeso« (Hirten der Gemeinde) verantwortlich ein geistliches Amt zu versehen. Zu ihnen gehörte Ananidze Kyungu. Vor einer großen Gemeinde, in der auch Häuptlinge nicht fehlten, war diese Weihehandlung erfolgt. Männer aus dem Bena-Stamm waren gewählt worden, in der gleichen Verantwortung, berechtigt zu gleichem Dienst, neben den Missionaren zu stehen. Eine Gottesstunde war in der jungen Kirche angebrochen.

An dieser Stelle kann ich Pangamahuti, der mir ein guter Freund war, nicht unerwähnt lassen. Er war wohl der jüngste Sohn des Oberhäuptlings Mbejela, einer der Initiatoren des Aufstandes 1905/06. Während er und seine Söhne als Verantwortliche der damaligen Erhebung ihre Schuld mit dem Tode büßen mußten, war Pangamahuti nur nach Ssongea deportiert worden. Weil er das Gewehr und alle noch vorhandene Munition, also Dinge, die aus dem Überfall auf die Gruppe des Stabsarztes Wiehe und ihrer Vernichtung (Anfang Januar 1906) stammten, in Lupembe an Bruder Gröschel zurückgab, war er am Leben geblieben. Nach dem Ersten Weltkrieg wurden die Engländer auf ihn aufmerksam und setzten ihn als Sultan der Bena in Mdandu ein. Er war ein Jugendfreund des Pastors Ananidze Kyungu.

Er hatte großes Vertrauen zu mir gefasst, er fühlte sich mit mir sehr verbunden, so stark, daß er unserer Tochter Gerda bei ihrem Abtransport nach Deutschland durch Ananidze Kyungu sagen ließ: »Sage deinem Vater, daß wenn er nach Ostafrika zurückkehren sollte, er mich als Christen vorfinden würde. Ich werde dann nur eine Frau haben und mich von den anderen trennen.«

Er war unserer Glaubenssache so zugetan, daß ich in ihm einen geheimen Christen sah, der nur den Weg zur Taufe noch nicht gefunden hatte, aber in seinem Wirken bestrebt war, christlich zu handeln. Es ist wohl nicht von ungefähr, daß der jetzige Oberhäuptling Josefu Mbejela ein Sohn Pangamahutis ist. Er ist evangelischer Christ. Mit Pangamahuti haben wir manches ernste Gespräch geführt. Er war bemüht, vor den Schäden der Zeit seine Augen nicht zu verschließen. Es genüge nicht, an den Schwierigkeiten des Lebens vorbeizugehen. Im Sinne des Bena- Sprichwortes: »Den heranfliegenden Topfscherben muss man ausweichen«, es gibt Dinge, denen man standhalten muß, weil das Ausweichen zu einem Unheil werden könne.

Eines Tages erschien Pangamahuti bei mir mit dem Ersuchen: »Ich möchte gern, daß du meine Rinder hütest und sie bei dir kalben!« Ich guckte ihn verwundert an und sagte: »Wie soll das geschehen? Kidugala ist ja kein Weideland, selbst die eigenen Rinder werden nicht satt, dir steht doch ein weites Land für dein Vieh zur Verfügung«. Hartnäckig blieb er dabei: »Ich möchte doch, daß du meine Rinder hütest!«

Plötzlich wurde mir klar, daß er zu mir im Bilde geredet hatte: Ich sollte sein Finanzminister werden. Er hatte es sich ausgedacht, bei mir sein Geld zu hinterlegen, daß es Zinsen brächte. Wie ich später erfuhr, hatte er bei einem Inder einen Reinfall erlebt. Der indische Kaufmann hatte ihn betrogen. Ich wies ihn auf die englische Bank hin, die überaus sicher ist. Er wollte aber davon nichts wissen, er erklärte: »Ich möchte, daß meine Rinder bei dir kalben!« Ich bemerkte, daß das nicht ginge, denn mir fehle der Bulle. Meinen Einwurf schob er zur Seite mit der Bemerkung: »Gut, dann sollst du meine Rinder nur hüten«. Dabei übergab er mir 500 Schillinge, denen bald andere folgten, so daß ich schließlich 2.000 Schillinge in Verwahrung hatte.

Anfang des Jahres 1939 hatte ich den »Bullen«. Um unsere Geldnot etwas zu mildern, hatte ich beschlossen, Pyrethrum in »Neustettin-Muhanga« anzubauen. Ein zuverlässiger evangelischer Farmer hatte sich als Helfer zu Verfügung gestellt. Pyrethrum stand hoch im Preis. Pyrethrum ist ein Insektenvertilgungsmittel, es wurde von Südamerika her sehr gefragt, um die Baumwollkulturen zu beleben. Früher hatte man geglaubt, des Bodenungeziefers dadurch Herr zu werden, wenn man den Ackerboden mit Arsenik düngte. Das Ungeziefer starb, aber dem Boden wurde die Gare genommen, in der Folge gingen die Baumwollplantagen ein. Das Udzungwa-Gebirge mit seiner Feuchtigkeit war der geeignete Boden für einen erfolgreichen Pyrethrum-Anbau. Pangamahutis Geld fing an zu arbeiten. Im Herbst 1939 waren in »Neustettin-Muhanga« 26 Hektar unter Kultur. Anfänglich hatten wir den Verdacht, das in dem Blütenkelch steckende Gift der Rüstungsindustrie dienen könnte. Es wurde erklärt: Das Gift sei nur ein Vernichtungsmittel für Insekten, welches außerdem dem Ackerboden wieder Wachstumsmöglichkeiten gibt. Nach Erfahrungen, die andere neben uns gemacht hatten, war es möglich, schon im zweiten Jahr pro Hektar zwei Tonnen Pyrethrum zu ernten. Die erste kleine Ernte sollte im Herbst 1939 erfolgen; der Ausbruch des Krieges hat sie aber verhindert.

Als Sultan der Bena hatte Pangamahuti Gelegenheit, mit dem Distriktsoffizier durchs Bena-Land zu fahren. Bei einer Fahrt sagte der Beamte: »Wie kommt das, überall sehe ich inmitten der Hütten oder abseits von ihnen Häuser, die mit einem Kreuz verziert sind; ich nehme an, daß diese Häuser von der Mission gebaut wurden?« Pangamahuti entgegnete: »Diese Häuser haben die Dorfleute aus sich selbst gebaut. Nur dadurch haben sie die Hoffnung, von der Mission einen Helfer zum Unterricht ihrer Kinder zu bekommen«. Der Beamte warf ein: »Kinder gehen in der weiten Welt nicht freiwillig zur Schule, dann steckt gewiß ein harter Druck seitens der Mission dahinter. Zwang aber lieben wir nicht, Zwang ist strafbar!« Der Sultan erklärte: »Von Zwang kann keine Rede sein. Die Kinder besuchen die Schulen freiwillig und eifrig!«

Im Juli 1939 erschien plötzlich ein anderer Bezirksbeamte in Mdandu. Er kam nicht allein, in seiner Begleitung war eine Gruppe Askaris. Auf dem Platz vor der Gerichtshalle hatten sich viele Bena versammelt. Die englische Fahne wurde gehisst, die Askari präsentierten. Der Beamte eröffnete eine Versammlung, sie war politisch. Er setzte den Zuhörern auseinander, wie es nach dem Ersten Weltkrieg dazu kam, den Deutschen die Kolonie zu nehmen und sich an ihre Stelle zu setzen.

Über die Deutschen redete er sehr unfreundlich. Er ermunterte die Schwarzen, Deutsche der englischen Regierung zu melden, wo sie sich ungebührlich der englischen Regierung gegenüber verhielten. Die Schwarzen hörten verwundert zu und schwiegen, denn sie waren den Missionaren zugetan, und andere Weiße gab es nicht im Bena-Bezirk. Er schien nicht recht zum Zuge gekommen zu sein. Im Laufe des Nachmittags zog die Gruppe wieder ab.

Nach Sonnenuntergang dieses Tages saß Pangamahuti mit seinen Räten in dem von Temben (Flachhäuser) umgebenen Hofraum. In ihrer Mitte loderte ein lustiges Feuer, über ihnen war der mit Sternen übersäte klare tropische Himmel. Sie besprachen die Ereignisse des Tages und erinnerten sich noch einmal aller Einzelheiten des erlebten Besuches und seiner militärischen Aufmachung. Einer sagte: »Das war heute ein merkwürdiger Tag! Was wollte nur der Bwana mkubwa (Leiter des Bezirkes). Kennt er unserer Herzen tiefste Gedanken? Mit vielen Worten hat er uns die Wohltaten, die die englische Regierung uns gebracht hat, auseinander gesetzt. Von den Deutschen hat er dagegen nur Böses geredet. Seine Worte waren scharfgeschliffene Speere, sie waren aber ohne Überzeugungskraft«.

Unter Gottes Segen war manches im Bena-Land zustande gekommen. Eine junge Kirche war da! Eine Anzahl »Hirten der Gemeinden« verwalteten ein geistliches Amt. Mit einem fröhlichen und klaren Zeugnis hielten sie nicht zurück. Je länger und umso mehr waren die Hirten zu Führern geworden, denen man vertrauen konnte. Wenn auch bei vielen Christen Lauheit und Schwächen bestanden, so waren doch auch viele von ihnen bereit, als Zeugen des Glaubens unter heidnischen Stammesgliedern zu wirken.

Wieder aus der Arbeit gerissen

Mitten in dieser Arbeit zog der 3. September 1939 heran. Es war ein Sonntag. Er sollte, äußerlich gesehen, das Ende der deutschen evangelischen Missionsarbeit bedeuten. Im ganzen Bena-Missionsgebiet und in den angrenzenden Stammesländern war am Vormittag von Missionaren, Hirten und etwa 400 afrikanischen Helfern auf Hauptstationen und anderen Predigtplätzen Gottesdienst gehalten worden. Keiner ahnte, welch schlimme Zeit ihren Anfang genommen hatte.

Es überstürzte sich alles. Kriegserklärung und Gefangennahme der Missionare. Schon am Abend saßen die an freies Tun gewöhnten Männer kriegsgefangen im engen Raum auf der Bezirks-Regierungsstelle in Njombe. Ein seltsames Wiedersehen. Zu ihnen gesellten sich auch Farmer, die sich in Ostafrika eine Heimat schaffen wollten.

Es war alles sehr schnell gegangen. Am frühen Nachmittag waren in der Nähe von Kidugala Autos aufgefahren. Zu Fuß, hinter Stein und Baum Deckung suchend, hatten sich die englischen Krieger, etwa 15 an der Zahl, bis auf den Missionsplatz herangearbeitet. In drei Gehöften lebten drei Familien, zwei Missionare und ein Bauführer. Es wurde ihnen mitgeteilt, daß Krieg wäre und daß sie sich für den sofortigen Abtransport in die Gefangenschaft zurechtzumachen hätten. Da dem ausgesandten Kommando keine Schwierigkeiten bereitet wurden, schoben sich die am Wege zurückgelassenen Lastautos allmählich bis zu den Wohnhäusern vor.

Vor allen Häusern sammelten sich Christen. Sie waren erschrocken über die verletzende Art, mit der ihre Missionare behandelt wurden, denn alle wussten, wie loyal sie sich der Regierung gegenüber verhalten hatten.

Durch die Autogeräusche wurden auch Leute aus der Umgegend herangelockt. Die Christen standen verängstigt und bedrückt beieinander. An dem Geschehen konnten sie nichts ändern. Die Missionare riefen ihnen ermunternde Worte zu, einen herzlichen Abschied konnte es jedoch nicht geben. Das wurde nicht erlaubt.

Nach Erledigung von Formalitäten waren die Missionsleute soweit, daß sie den Lastwagen besteigen mußten. Nur einen kleinen Teil notwendiger Sachen durften sie mitnehmen. Die Christen drängten sich um das Auto. Kurz vor der Abfahrt wurde es für einen Augenblick zur Kanzel. Einer nahm das Wort: »Lasst euch durch unsere Gefangennahme nicht irremachen, als geschehe uns etwas Absonderliches. Steht fest im Glauben. Sorgt einer für den anderen, daß keiner den Glaubensgrund unter seinen Füßen verliere. Wir müssen fort, aber Gott bleibt!«

Dann kam ein Abschied für immer. Die Missionare waren Gefangene. Von den »Hirten der Gemeinde« war keiner dabei. Alle hielten sich gerade in ihren Gemeinden auf. Der Beschluß der Landesverwaltung wurde so schnell ausgeführt, daß es keinem möglich war, auf den weiten Wegen, schneller als Autos, heranzukommen um den Missionaren einen Abschiedsgruß zu entbieten. Es ging zuerst nach Njombe.

Ananidze, der Mann klarer Entscheidungen, erkannte seine Aufgabe sehr schnell. Er trat auf nach Plan. Nach allen Seiten richtete sich seine Aufmerksamkeit. Auf die große Kidugala-Gemeinde, daß sie nicht in Unruhe käme, und nicht zuletzt auf die zurückgebliebenen deutschen Frauen und Kinder, daß es ihnen an nichts fehle. Er schaute in alle Haushaltungen Kidugalas hinein, sogar den weiten Weg nach Lupembe scheute er nicht, um der vereinsamten Missionarsfrau mit ihren Kindern zu raten.

Hier in Njombe wurden alle, die in der ferneren Umgebung wohnten, herbeigebracht. An einem Morgen waren innerhalb einer weiten Abgrenzung eine Reihe von Autos aufgefahren. Wir wurden auf die einzelnen Fahrzeuge verteilt, natürlich unter Askari-Bewachung. Als ich von meinem Fahrzeug umherschaute, sah ich Mutendzi an einer Hauswand stehen. Er war ja Regierungsbeamter, in Njombe war er dienstlich beschäftigt. Ich konnte es verstehen, daß ihm Tränen aus den Augen floßen. Wenn ich einen Augenblick wegschaute und ihm mein Gesicht wieder zuwandte, waren es wieder grüßende Verneigungen mit vielen Tränen im Gesicht. Noch heute sehe ich den weinenden Mutendzi vor meinen Augen. Seine Tränen waren der letzte Gruß, den ich dankbar mitnahm als liebe Erinnerung an das Bena-Land. Die Fahrzeuge strebten der Cape-Cairo-Strasse zu, auf dieser ging es zur Bezirkshauptstadt Iringa. Hier stürmten viele Erinnerungen auf mich ein. Die alte Boma, die das Offiziers-Kasino und das der Unteroffiziere umfaßte, war das Gefangenenlager, in dem wir viele Bekannte aus Uhehe vorfanden. Es war aber ein anderes Zusammensein als das früherer Tage am trauten Familientisch. Aber es war doch schön, daß ich unseren Schwiegersohn in meiner Nähe hatte, zu frohem Gedankenaustausch.

Die Bevölkerung Iringas hatte scheinbar wenig Verständnis für unser Gefängnis. Vielleicht waren es die Hehe, die eines Nachts die englische Fahne vom Mast rissen und unerkannt entkamen. Unter den Gefangenen herrschte eine zuversichtliche Stimmung. Viele meinten, daß der Krieg nur kurze Zeit dauern könne, und dann ginge es wieder an die Arbeit. Der Krieg ging jedoch weiter. Statt zu den Unsrigen zurückzukehren, erfolgte unser Abtransport nach Daressalam. Auf dem Weg hinter Iringa schloß sich die Wagenkolonne aus Tukuyu-Mbeja an. Auf dem Weg, bei einem Rastplatz, konnten wir Heinz begrüßen. In Daressalam war ein großes Barackenlager hergerichtet. Es war einfach, aber sehr sauber. Daß die Deutschen bald die Regie im Lager, dazu die Verpflegung, in die Hand nahmen, wurde allgemein begrüßt. Ich denke immer noch gern daran, mit welcher Liebe und Fürsorglichkeit mich unsere beiden Söhne im Lager umgaben.

Als am 3. September meine Abholung aus Kidugala erfolgte, war meine Frau abwesend. Sie befand sich in Manow. Ich war eigentlich froh, daß sie den Augenblick unseres Abtransportes nicht erlebt hatte. Am Nachmittag, ich hatte gerade Kaffee getrunken und war in unser Wohnzimmer gegangen mit der Absicht, Radionachrichten zu hören. Als ich das Zimmer betrat, stand vor mir ein Engländer mit einem großen Hund. Ich war verwundert über die merkwürdige Art, meine Wohnung betreten zu haben. Durch den Kopf ging mir das berühmte englische Sprichwort, das den Respekt vor der Wohnung des anderen zum Ausdruck bringt: »My home is my castle«.

Dieser Mann war, ohne sich zu melden, eingetreten. Auf die Frage nach seinem Begehr antwortete er: Es sei Krieg, und er hätte den Auftrag, mich abzuholen. Er gab mir 10 Minuten Zeit, mich zurechtzumachen. Es hat aber doch länger gedauert, denn ich hatte Gewehre, Munition, Fotoapparate, Fernglas und anderes abzugeben. Das kostete viel Zeit, er wich nicht von meiner Seite. Dabei erklärte er mir, ich käme gewiß bald wieder zurück. Daß mein Eigentum mir erhalten bliebe, dafür würde schon gesorgt werden. Ich antwortete, diese Mühe sei überflüssig, denn für den Schutz meines Besitzes würde schon von den Schwarzen gesorgt werden, außerdem glaubte ich nicht an seine Zusicherung, weil vor über 20 Jahren mein Haus in »Pommern« von englischen Truppen an einem halben Tage völlig ausgeplündert worden war. Er antwortete, daß das in diesem Falle nicht geschehen würde. Schließlich fragte er: »Have you a Radio?« Ich staunte: Soeben hatte er mich beruhigt hinsichtlich meines Besitzes und nun die Frage nach dem Radioapparat.

Den Apparat, den ich von einem Frauenbund aus Tilsit erhalten und den ich vor einer knappen Woche aufgestellt hatte, sollte ich loswerden. Ich trat an den herrlichen Apparat, griff in meine Westentasche, brachte mein Taschenmesser hervor und löste die Schrauben der Rückwand. Der Engländer glaubte, ich montierte ihn ab, aber, als die Rückwand gelöst war, schlug ich mit meinem Taschenmesser auf die Birnen ein, es war nicht leicht, sie zum Springen zu bringen. Endlich waren sie kaputt. In diesem Augenblick hatte ich den englischen Revolver auf meiner Brust. In barschem Ton sagte er: »Wie kommst du dazu, den Apparat unbrauchbar zu machen?« Ich entgegnete: »Mit meinem Eigentum kann ich machen, was mir gefällt!« In diesem Moment sprang ein anderer Engländer von der Veranda her ins Zimmer und setzte seinen Revolver daneben.

Auf mein Ersuchen, nach meiner Gefangennahme, meine Frau nach Kidugala zurückzuschaffen, wurde mir geantwortet: »Einem Saboteur schicken wir die Frau nicht zurück!«. Das machte mich nachträglich etwas besorgt, aber ich erkannte dabei, daß ihnen der Besitz des Radio-Apparates sehr angenehm gewesen wäre.

Später in der Gefangenschaft konnte ich feststellen, daß meine Frau auf freundlichste Art nach Kidugala über Njombe gebracht wurde, wo der Verantwortliche des Bezirks ein Zusammentreffen mit unserer Tochter Gerda und ihren zwei Kindern, die er von Lupembe geholt hatte, bewerkstelligte.

Die Zertrümmerung des Radioapparates war mir doch nicht nachgetragen worden. Ich war froh, meine Frau wieder in Kidugala zu wissen. Unsere Tochter war nur mit Wenigem nach Kidugala gekommen. Mit ihrem Fortgang von Lupembe hat sie alle zurückgelassenen Dinge verloren. Besonders ihre wichtigen Dinge wollte sie sich nachträglich sichern. Der treue Martin Mukemwa, machte sich auf dem Fahrrad auf den Weg, öffnete das Haus und brachte unserer Tochter die ersehnten Dinge. Der Einbruch wurde bemerkt, in einem Brief, den sie erhielt, konnte sie lesen: Sie hätte kein Recht, irgendein Stück aus dem Haus zu holen, nicht einmal eine Blume aus dem Garten.

Die Behandlung im Daressalamer Lager war nicht schikanös, abgesehen von plötzlich vorgenommenen Sachenrevisionen, die vielleicht berechtigt waren.

Eine angenehme Abwechselung boten die Märsche im Verbande hin zum Meer. Dort löste sich die Gruppe auf und jeder konnte tun, was ihm gefiel. Jeder konnte nach seinem Bedürfnis baden, Muscheln suchen oder Fische fangen, die am Ufer auf Steinen gebraten wurden. Das war wirklich ein Genuß. Nach dem Eintritt der Ebbe, wenn das Wasser weit zurück geht, bleiben noch größere und kleinere Poole stehen, in denen Fische zu warten haben, bis die Flut wiederkehrt und ihnen die Freiheit schenkt. Heinz bemühte sich, einen Fisch mit den Händen zu fangen und als Beute ans Ufer zu bringen. Der Fisch muß wohl mit einem Giftstachel ausgerüstet gewesen sein. Der Fisch schlug nach ihm. Unter heftigen Schmerzen kam er ans Ufer, mit einem Krankenwagen mußte er ins Lager geschafft werden. Nach einigen Stunden ließen die Schmerzen nach und waren später weg.

Die Postverbindung von Daressalam nach Kidugala und zurück klappte gut. Es wurde viel vom Abtransport nach Deutschland gesprochen. Einige kleine Transporte hatten schon stattgefunden, eines Tages stand auch ich auf der Liste der Abzutransportierenden. Mit den Männern sollten auch ihre Familien abgeschoben werden. Ich glaube, es war der 9. Dezember 1939, als der italienische Dampfer »Palestina« im Hafen lag. Damals war Italien noch neutral, darum wurde ihm der Abtransport der Deutschen übergeben.

Die inzwischen mit der Bahn eingetroffenen Familien waren schon an Bord gegangen, wir wurden auch hinüber geschafft. Der Dampfer wirkte sehr klein, aber das lag daran, daß er wegen zu großer Ladung zu tief im Wasser lag. Die 2000 Tonnen Kupfer aus Katanga füllten den Bauch des Schiffes, so daß die Ladelinie sich unter der Oberfläche der Wasserhöhe befand. Bei dem großen Tiefgang des Dampfers versprachen wir uns keine gute Fahrt. Wenn uns auch gesagt worden war, unsere Kriegsgefangenschaft bestünde bis zur deutschen Grenze, so hatten wir doch auf dem Dampfer das schöne Gefühl, uns frei fühlen zu können. Dieses Gefühl wurde auch nicht getrübt durch den Umstand, daß Männer und Frauen getrennt in Kabinen untergebracht waren, aber am Tag konnten wir traut beieinander sein. Die ersten Tage auf dem Schiff galten der Suche nach unseren Sachen, die überall verstreut unter Deck herumlagen. Revisionen, die schon vorher reichlich stattgefunden hatten, fanden noch einmal in unserer Abwesenheit statt. Zum Teil fanden wir nur leere Koffer.

Ein von uns sehr geschätzter Provincial Officer hatte es freundlicherweise unternommen, vor dem Abtransport meiner Frau wertvolle Schriftstücke zum Zensor nach Daressalam zu bringen. Als ich den Karton endlich ausfindig gemacht hatte, stellte ich fest, daß die Verschnürung zerschnitten war und Verschiedenes fehlte. Nach einigen Tagen überreichte mir einer unserer Passagiere ein wertvolles Schriftstück. Es war das Zeugnis über meinen zehnjährigen Aufenthalt in Kaiserswerth, es stammte aus jenem Karton. Dieses wichtige Schriftstück habe ich auch 1945 aus Schlesien mitgerettet und es wurde mir eine Hilfe, vom Evangalischen-Lutherischen-Landeskirchenrat sofort zum Pfarrdienst eingestellt zu werden. Auch von den in Daressalam dem Zensor übergebenen Sachen fehlte Einiges, darunter das mit »O« in Iringa abgeschlossene Kreiskassenbuch. Das war mir besonders schmerzlich. Es ist unaufgeklärt geblieben, ob die Engländer sich diesen Eingriff erlaubt hatten, oder ob es die Besatzung des Schiffes war, die sich an unserem kleinen Besitz bereicherte.

Mit dem Schiff fuhr auch die Familie unseres Heinz nach Deutschland. Für meine Frau war es die erste Reise, die sie ohne Seekrankheit überstand. Der Grund dieser Bewahrung war in dem schwer beladenen Schiff zu suchen, das bei hohem Wellengang ruhig seine Bahn zog. Es war die alte »Straße«, die wir in guten und bösen Zeiten befahren hatten. Wenn wir sie in friedlichen Zeiten hätten machen können, dann wären wir frohe Menschen gewesen. Aber wir waren noch Gefangene. Das merkten wir, als wir hinter Kairo die Dreimeilen-Grenze erreichten. Plötzlich wurden wir von einem englischen Zerstörer gestoppt. Unser Dampfer mußte nach Haifa fahren, um sich dort überprüfen zu lassen. Es war doch eine merkwürdige Sache, daß Kriegsgefangene nach der Heimat entlassen wurden. Uns verlangte nicht danach, in palästinensische Gefangenschaft zu geraten. Wir mußten es uns aber gefallen lassen, unter die

Lupe genommen zu werden. Nach einigen Stunden Aufenthalt durften wir die Fahrt fortsetzen. Es war sehr reizvoll jetzt durch die altgriechische homerische Inselwelt fahren zu können.

Nachdem wir in Brindisi in Italien kurzen Aufenthalt hatten, steuerten wir der Lagunenstadt Venedig zu. Hier wurde uns Gelegenheit geboten, nötige Bekleidungsstücke in Geschäften – auf Staatskosten – zu kaufen, weil vielen die warme Winterkleidung fehlte, denn es war ja Ende Dezember geworden. Wie auf dem Dampfer, so hatten wir auch in Venedig über die Verpflegung nicht zu klagen. Am nächsten Tag ging es mit der Bahn in die Alpenwelt hinein. Am 1. Januar 1940 erreichten wir die deutsche Grenze. Wie gut schmeckte uns das dargereichte deutsche Schwarzbrot und der gesüßte Tee mit Rum. Welch Hochgefühl war es, auf deutschem Boden zu sein.

Die Fahrt mit der Bahn ging weiter über München nach Tübingen, wo wir wie schon zuvor freundliche Aufnahme fanden. Nach gründlicher Untersuchung, wobei mir gesagt wurde: »Mit Ihnen ist nicht mehr viel los!« (inzwischen sind seitdem schon über zwanzig Jahre dahingegangen, und ich lebe immer noch) ging es nach Berlin. Vom Missionshaus wurde uns eine Wohnung im Pfarrhaus der Bartholomäus-Kirche gegeben. Wir freuten uns der Heimat, aber auch der Freundschaft alter Freunde.

An die Verhältnisse des Missionshauses mußte ich mich erst allmählich wieder gewöhnen. Auch das Missionshaus hatte seine Probleme, dadurch wurde es ihm schwer, sich mit den Nöten anderer zu befassen. Fern vom Missionshaus, auf dem Missionsfeld in Ostafrika, sah man leichter das Persönliche, aber im Missionshaus handelte man nach größeren Gesichtspunkten. Trübsal oder Angst und menschliche Unzulänglichkeiten sind bedeutungslos, wenn nur Gott willig ist, das im Aufblick zu ihm getane Werk zu segnen. Solchen über alle Massen geschenkten Segen haben wir erlebt. Die Erinnerung daran wird uns beglücken bis ans Ende unseres Lebens.

Wieder in Deutschland (1940–1959)

Wie schon einmal ist das Dorf Peterwitz wieder zu einer lieben Stätte geworden.

Im September 1943 wurden wir dorthin versetzt. Von Peterwitz aus war ein Netz gesponnen worden, das über Schlesien hinaus sich in andere Provinzen erstreckte. In den Maschen dieses Netzes durfte ich mich nach allen Seiten im deutsch-östlichen Raum durch Missionspredigten, Vorträge und Bibelwochen betätigen. Daneben bestand der Gedanke, in dem trauten Missionarshaus unsere Altersjahre zu verbringen. Dem Bombenhagel, der Tag und Nacht über Berlin hernieder gegangen war, waren wir beide durch unsere Versetzung entkommen. Durch den Ankauf von

Möbeln einer lieben Frau, die ihr Haus durch Bombenschaden in Berlin verloren hatte, konnten wir es uns hier wohnlich einrichten.

In Peterwitz hatten wir gute Gelegenheit, den bisweilen verworren wirkenden Lebensspuren, an denen aber großer verborgener Gottessegen hing, nachzugehen. Auch hier wurde uns manche Freude geschenkt. Im Dorf fanden wir noch die alten Freunde von einst.

Bald durften wir noch Größeres erfahren. Ich durfte unsere Enkelkinder Annemarie und Joachim von Bad Berka nach Peterwitz holen, während unsere Tochter in Jena in ärztlicher Behandlung stand. Die beiden Enkelkinder hielten fröhliche Einkehr.

Es verging nicht allzu lange Zeit, da kam auch unsere Tochter Gerda, um sich auf dem Lande zu erholen. Es wurde uns eine liebe Gemeinsamkeit geschenkt, in der wir in Fürbitte der beiden jungen Väter unter den Soldaten, Heinz in Belgien und Karl in Russland, gedachten. In der zweiten Hälfte des Jahres 1944 beglückte uns unser Heinz.

Einen Urlaub nach Thüringen benutzte er, mit seiner Frau Erika uns zu besuchen. Ihre drei Kinder, 1942 kam ein Sohn Hansjörg hinzu, blieben in der Obhut der Großeltern Brommer.

Nach schönen Tagen herzlichen Einvernehmens kam der Abschied. Wir begleiteten ihn nach Liegnitz, um die Abfahrt von Sohn und Schwiegertochter zu erleben. Der Junge, in dem viel Humor steckte, machte seine übermütigen Scherze, was viele belustigte. Der Zug war nahe daran, sich in Bewegung zu setzen, da verließ er schnell den Zug, auf dem Bahnhof nahm er noch einmal seine geliebte Mutter in die Arme. Darauf bestieg er wieder den Zug, der sich schon in Bewegung gesetzt hatte. Sehr unmilitärisch winkte er mit Schwenken der Mütze seinen Eltern auf dem Bahnsteig Abschiedsgrüße zu. Es war das letzte Mal, daß wir unseren braven Jungen gesehen haben.

Dieser Wiedersehensfreude mit unserem Heinz und seiner Frau fügte sich im Herbst 1944 noch eine andere hinzu. Unser Schwiegersohn Karl durfte einen kurzen Fronturlaub bei uns in Peterwitz erleben; aus Riga war er zu uns gekommen, es war ein besonderes Geschenk für Gerda und ihre Kinder. Nur zu schnell kam der Abschied, er mußte an die Wolchow-Front in Russland zurück.

Dunkel ging das Jahr 1944 zu Ende. Anlaß zu großen Hoffnungen für 1945 gab es nicht. Ich ging nach wie vor meiner Arbeit nach. Für Anfang Januar hatte ich eine Bibelwoche in Giehren, im Riesengebirge, übernommen. Sie wurde mit sechs Gemeindegliedern eröffnet. Gegen Schluß der Woche hatte sich die Zahl der Beteiligten auf über 60 aufmerksame Hörer erhöht. Dazu wurde die Bitte ausgesprochen, die pfarramtlich verwaiste Gemeinde zu übernehmen und zu diesem Zweck nach Giehren zu übersiedeln. Dieser Wunsch bewegte auch den Superintendenten in Greiffenberg. Mit einer halben Zusage kehrte ich nach Peterwitz zurück. Bei dem Ernst der Lage konnte der Umzugsplan nicht weiter verfolgt werden, denn andere Aufgaben wurden meiner Frau gestellt. Die Schatten des 5. Februar 1945 liefen schon den Ereignissen voraus. Es war unmöglich, unsere kränkliche Tochter mit ihren zwei Kindern allein auf die Reise nach Westen gehen zu lassen. Selbst abgehärmt und hinfällig entschloß sich meine Frau, an die Seite ihrer Tochter zu treten und mit ihr und ihren Kindern die Fahrt ins Ungewisse zu unternehmen.

Der 5. Februar war ein schrecklicher Tag, wie kein anderer zuvor. Wohl hat es in unserem Leben und in der Berufsarbeit an schweren Tagen nicht gefehlt. Ich denke an den Aufstand 1905/06 in Ostafrika, in dem es Tage gab, wo es ungewiß war, ob wir den Abend noch erleben würden. Da war der zweimalige Verlust unseres Besitzes. Zweimal hatte uns Gefangenschaft geblüht. Es hatte kurze und lange Trennungen von Frau und Kindern gegeben. Die harte Hand äußerer Gewalt hatte uns oft berührt, aber unsere Seele wurde dabei nicht angetastet.

Ich wollte mit diesen Erwähnungen nur kundtun, daß es viele Schwierigkeiten gegeben hat, an denen meine Frau treu mit mir getragen hat. So sehr auch solche Ereignisse uns bedrücken mochten und uns manchen Tag verdarben, schließlich waren es nur Dinge am Rande, die unsere innere Lage nur wenig veränderten. Der 5. Februar aber erschütterte uns tief, er traf unsere Seele. Hier schien eine Verbundenheit, von Gottes Händen geschützt, zerreißen zu wollen. Das Dunkel, unter das wir kamen, war undurchdringlich. Es war alles so verworren, daß uns innerlich Angst wurde. Meine Frau mit unserer Tochter und ihren zwei Kindern reisten allein, ich glaubte verpflichtet zu sein zurückzubleiben und bis zum letzten Augenblick auszuhalten. Der Tag brachte eine Trennung, der vielleicht keine Wiedervereinigung folgen würde. Es war eine traurige Fahrt nach Jauer und ein noch traurigerer Abschied, den man recht kurz machen wollte, um nicht den kleinen Enkelkindern zuviel von der Not und dem Schmerz der Großeltern zu verraten.

Ein einsam gewordener Mann kehrte nach Peterwitz zurück. Etwas stimmte ihn dankbar: Die Seinen waren mit ihren Sachen in einem sauberen Abteil des Zuges gut untergekommen. Daneben beschäftigte ihn aber eine gewisse Bangigkeit: Wie wird es nun auf dem Elendswege weitergehen?

In den Tagen nach der Abreise meiner Lieben wurden die Verhältnisse immer unsicherer. Außer den Flüchtlingen auf den vielen Straßen gab es große Scharen von Angehörigen der Wehrmacht, die sich von ihren Formationen im Osten abgesetzt hatten und waffenlos auf allen Nebenwegen nach Westen strebten, wobei sie die Angst der fliehenden Bevölkerung vergrößerten. Überall beobachtete man armselige parteiamtliche Maßnahmen, die lächerlich wirkten. Der Volkssturm war aufgeboten, um mit ungenügendem Material wie alten Ackergeräten, Eggen und großen Steinen,

Wegsperren zu bauen. Umgehackte Bäume sollten Hindernisse sein, dem stürmischen Vorwärtsdringen östlicher Scharen Einhalt zu gebieten.

Die flüchtig gewordenen Landser belächelten solche kindlichen Unternehmungen. Die Kümmerlichkeit strategischer Gedanken großer Parteiführer trat immer offener hervor. Der Volkssturm, auf den man wegen seiner Bewaffnung mit Panzerschreck und Panzerfaust große Hoffnungen gesetzt hatte, wurde schließlich zu einem leeren Wahn. Gestern gebärdete man sich noch sehr kriegerisch, und schnell lautete die Parole: Rette sich, wer kann! Die Uniformen verschwanden aus der Öffentlichkeit. Der Ortsgruppenleiter steckte sein Prunkkleid in den Ofen.

Es wurde immer klarer: Unsere Tage in Peterwitz sind gezählt. Am 11. Februar 1945 wurde in Peterwitz die Kunde verbreitet: Die Vorausabteilungen der Russen stünden nicht mehr weit von Peterwitz. Für 12 Uhr nachts wurde die Flucht der Bevölkerung angeordnet. Der umsichtige Treckführer, ein Mann mit klarem Kopf, weigerte sich, mit einem Treck in die Nacht hineinzufahren. Ruhig und sicher traf er seine Anordnungen. Seine Anweisung war: Bis 12 Uhr nachts müssen alle Wagen zur Abfahrt bereitstehen, alle fertig bepackt.

Am 12. Februar morgens acht Uhr, sollte punktlich der Abzug beginnen. Alle Wagen waren der Anordnung gemäß zur Stelle, nur wenig später setzte sich der Treck in Bewegung.

Es war ein trauriger Abschied von Peterwitz, betrüblicher noch für die lieben Menschen, die mehr als ich zurücklassen mußten. Der Treckführer hatte alles gut überlegt, auch daran hatte er gedacht, daß auf einer weiten Fahrt der Hufschmied wichtig ist, um gelegentlich die Pferde neu beschlagen zu können. Auf diese Weise befand sich im Treck ein großer Bestand von Hufeisen und anderen wichtigen Ersatzdingen. Er hatte wirklich an alles gedacht, oft hatten wir auf der monatelangen Reise Gelegenheit, ihm für seine Umsicht herzlich zu danken. Immerhin war es eine von Schmerz und Sorge belastete Reisegesellschaft, die aber froh war, mit Leuten wandern zu können, denen man gelegentlich in Teilnahme die Hände drücken konnte. Bei aller Betrübnis über zurückgelassenes Gut trat doch allmählich der hohe Wert hervor, in guter Gemeinschaft die Straße ziehen zu können. Daß alle Peterwitzer mit den Gedanken spielten, bald die Heimat wiederzusehen, war begreiflich.

Es war nicht viel vor Mitternacht, als wir Zwernberg erreichten. Ich wurde bei einem Bauern abgesetzt.

Dort fand ich die Hausfrau noch im Kuhstall, sie melkte. Auf meine Begrüßung sagte sie: »Wir sind nicht auf solche feinen Leute eingerichtet«. Ich bat sie, alle Bedenken fahren zu lassen, es würde schon gut gehen. Ich wurde ins Wohnzimmer geführt, an einem gedeckten Tisch durfte ich mich niederlassen. Auf ihm stand köstliches

Landbrot, Butter, Marmelade und ein Krug Milch. Nur verwundert konnte ich auf die aufgetischten Gaben schauen und heiß hungrig zugreifen. Im oberen Stock wurde mir ein Zimmer angewiesen, dann war ich allein. Welche Wonne, allein in einem Raum zu sein! Das war doch etwas anderes, als mit 200 bis 300 Menschen zusammen zu hausen und auf einem Strohlager auf dem Boden die müden Glieder zu strecken und hier, hier stand ein Bett. Wohl fehlte die Strohunterlage nicht, aber es war sauberes Stroh, über das ein weißes Laken gespannt war, dazu ein Kopfkissen und ein Federdeckbett. Alles erschien so märchenhaft, es war kaum zu fassen. Der erste Gedanke in der neuen Wirklichkeit war: jetzt gründlich waschen! Es war eine köstliche Nacht, die Erfüllung manchen Wunsches in kümmerlichen Tagen.

Ein neuer Tag war angebrochen, auf ihm lag aber wie ein dunkler Schatten die Frage: Wie wird es den Meinen gehen, die ich vier Monate zuvor in Jauer auf den Weg geschickt hatte? In den kommenden Monaten stand mir diese Frage täglich vor Augen.

Die Nacht war kurz, aber erquicklich. Schon um sechs Uhr am nächsten Morgen saß ich mit der Hausgemeinschaft am Frühstückstisch. Mit allen konnte ich mich bekannt machen unter der Tageslosung: ich war landwirtschaftlicher Arbeiter geworden. Nach dem Frühstück schulterte ich den Rechen und ging mit der Tochter des Hauses in die Wörnitz-Wiesen ins Heu. Das wurde nun Tag um Tag meine Beschäftigung, von den Mahlzeiten angenehm unterbrochen. Am meisten freute ich mich am Nachmittag auf die Brotzeit. Sie war eine angenehme Unterbrechung in den Mühen des Tages. Alle Hausgenossen waren im Heu. Zur Vesper ließ man sich im Heu nieder, jeder bekam ein schönes Stück Schinkenspeck. Als ich das Rauchfleisch sah, dachte ich: Gibt es denn wirklich noch so etwas? Wie schmeckte das herrlich zu dem kernigen Bauernbrot aus dem eigenen Backofen. Außerdem war ein großer Krug mit selbstbereitetem Most vorhanden, der so erquicklich durch die Kehle lief und den Schweiß der Mühe belohnte. Es gibt doch schöne Gottesgaben!

Als ich einige Tage vom Morgen bis zum Abend mitgearbeitet hatte, erbat ich mir die Erlaubnis, das Dorf zu besuchen und dem Pfarrhaus einen Besuch abzustatten. Zwernberg ist eine kleine Gemeinde, die kirchlich zu Weidelbach gehört. Im Pfarrhaus fand ich freundliche Aufnahme, aber der Pfarrer des Ortes war nicht anwesend. Seit einigen Monaten war er dienstverpflichtet in einer anderen Gemeinde Bayerns. Durch diesen Umstand konnte die etwa 750 Seelen zählende Gemeinde nicht jeden Sonntag am Vormittag Gottesdienst haben. Diese Annehmlichkeit hatte sie nur jeden fünften Sonntag, an den übrigen Sonntagen mußte sich die Gemeinde damit zufrieden geben, am Nachmittag bedient zu werden. Die Pfarrfrau sagte, die Gemeinde sei darüber verstimmt und fragte, ob ich nicht am nächsten Sonntag den Gottesdienst übernehmen möchte. Ich sagte zu und erbat mir das Agendenbuch, um mich mit der bayerischen

Art des Gottesdienstes zu befassen. Auf diese Weise hatte ich in den nächsten Tagen neben der Heuarbeit noch andere Dinge zu bedenken.

Ich versah den Kirchendienst. Der Kirchenvorstand bedankte sich und bat, ob ich nicht jeden Sonntag Vormittag die gottesdienstlichen Veranstaltungen übernehmen möchte. Meine Erklärung: Ich hätte darüber nicht zu bestimmen, muß wohl Veranlaßung gewesen sein, sich an den Dekan nach Dinkelsbühl zu wenden. Bei meinem nächsten Besuch in Dinkelsbühl sagte mir der Dekan, daß ich, ohne mich dem Landesbischof vorgestellt zu haben, nicht predigen dürfe. Es sei aber Gelegenheit, den Landesbischof in Ansbach aufzusuchen und mich ihm vorzustellen. Schnell entschloß ich mich dazu, den Rat zu befolgen. In Zwernberg fand sich ein junger Mann bereit, mich nach Ansbach fahren zu können. Beide Anträge wurden abgelehnt. Trotzdem wollte ich den Plan nicht aufgeben. Ich brachte in Erfahrung, daß von Schopfloch, etwa eine Stunde von Zwernberg, der Umzug einer Familie nach Nürnberg geplant sei. Mit dem Autobesitzer setzte ich mich in Verbindung und erhielt die Erlaubnis, mitfahren zu dürfen. An dem bestimmten Tag saß ich auf dem Auto auf Möbelstücken, einen Reiseausweis hatte ich nicht.

Vor Ansbach war eine Kontrollstelle. Man sah in mir ein Glied der Umzugsfamilie. Die Fahrt konnte weitergehen. Ich meldete mich in Ansbach bei dem Dekan, er bat mich, etwas aus meinem Leben zu Papier zu bringen. Am nächsten Morgen, vor einer Sitzung, sprach ich den Herrn Landesbischof etwa zehn Minuten lang. Er erkundigte sich nach den schlesischen Verhältnissen, darauf wünschte er mir Gottes Segen; damit verabschiedete er mich.

Nun sollte die Rückreise erfolgen. Wie würde es mir an jener Revisionsstelle ergehen? In Ansbach war der Autoverkehr sehr stark. An einem wichtigen Punkt in der Stadt stand ein Winkposten. Ich fragte ihn, ob er mir nicht helfen könnte, in einem Auto nach Dinkelsbühl mitgenommen zu werden. Viele Wagen fuhren vollbesetzt vorbei. Endlich kam ein deutscher Wagen, in dem hinten ein amerikanischer Offizier saß. Der Winkposten rief mich heran, der deutsche Fahrer aber winkte ab. Der amerikanische Posten rief dem Offizier einige Worte zu, ich durfte einsteigen. Mit einigem Mißbehagen dachte ich an die Prüfungsstelle. Der Wagen wurde zum Halten genötigt. Jetzt konnte der peinliche Augenblick kommen. Der Offizier hinter mir muß wohl ein Zeichen gegeben haben, der Revisionsposten trat zurück, unsere Fahrt konnte fortgesetzt werden. Ich kam glücklich nach Hause. Einige Tage später bekam ich vom Evang.-Luth. Landeskirchenrat über das Dekanat Dinkelsbühl den Auftrag, bis zur Rückkehr des Ortspfarrers von Weidelbach das Pfarramt zu verwalten.

Mit der Rückkehr des Weidelbacher Pfarrers ging meine Tätigkeit in der Gemeinde zu Ende. In den verflossenen Monaten hatte ich oft Gelegenheit, deutschen Landsern zu begegnen, die nach ihrer Heimat wanderten. Wenn der Name Thüringen auftauchte, bat ich sie, einen Zettel mitzunehmen und ihn bei einem thüringischen Pfarramt abzugeben, um ihn an das Pfarramt Bad Berka weiterzuleiten. Ungezählte Zettel sind zu diesem Zweck heimkehrenden Soldaten mitgegeben worden, nur einer hat schließlich sein Ziel erreicht. Nun wußte meine Frau, wo ich zu finden war. Inzwischen war auch die Post wieder etwas in Gang gekommen, so daß meine Frau dem Missionshaus Mitteilung über mich machen konnte. Mit der Aufgabe meines Amtes in Weidelbach und der zustande gekommenen Verbindung mit meiner Frau wurde der Wunsch lebendig, nach Thüringen zu fahren, um dann mit ihr nach Berlin zu gehen. Bei der entscheidenden Stelle habe ich meine Absicht kundgetan. Ich rüstete mich für die Umsiedlung, ich saß gewissermaßen auf verschnürtem Gepäck und wartete. In dieser Wartezeit bin ich nicht untätig gewesen. In der kleinen Zwernberger Gemeinde war ein Bedürfnis nach Bibelstunden vorhanden. Mit Zustimmung des zurückgekehrten Pfarrers hielt ich solche abwechselnd in den verschiedenen Häusern in großen Stuben. Sie erfreuten sich großen Besuchs. Sogar der Gastwirt des Ortes bewarb sich darum, auch seine Gaststube nicht zu übersehen. Hinter den Bauernhäusern wollte er nicht zurückstehen. Den Bibelstunden lag das Haggai-Buch zugrunde. Es verging Woche um Woche, und ich saß noch immer auf demselben Fleck. Statt zur Abreise gerufen zu werden, wurde eines Tages bekannt gegeben: Über Berlin ist die Zuzugssperre verhängt worden. Den Leuten in Zwernberg war es recht, daß ich weiter blieb. Daß ich Pension zahlte, war richtig. Ich lebte aber von dem aufgesparten Geld, das auch einmal zu Ende ging.

Im Pfarrdienst

Mein Entschluß war, nach Berlin zu schreiben, sie möchten trotz der Sperre meinen Zuzug beantragen. Ein Briefbogen lag schon auf dem Tisch und der Federhalter daneben. Es war ein Augenblick der Unentschlossenheit.

Ich beschloß etwas zu warten, vielleicht brächte der Postbote eine Klärung. Der Postbote kam, er brachte einen Brief vom Dekan aus Dinkelsbühl. Er enthielt die Anfrage, ob ich bereit wäre, die Verwaltung der kleinen Diaspora-Gemeinde Schopflohe zu übernehmen, bejahendenfalls wäre es erwünscht, zur Rücksprache zu ihm zu kommen. In meine verworrene Lage war Licht gefallen, ein Weg deutete sich an, der mir wieder Boden unter meine Füße bringen würde. Ich fuhr nach Schopflohe, um einen Blick in die Gemeinde zu tun und den Kirchenvorstand zu hören. Seit langem war Schopflohe von einer Nachbargemeinde aus dem Nördlinger Dekanat versorgt worden, obwohl sie zum Dekanat Dinkelsbühl gehörte. Der Gedanke, wieder zu regelmäßig stattfindenden Gottesdiensten zu kommen, machte die Schopfloher froh.

Anfang Dezember 1945 habe ich mit dem Dienst in Schopflohe begonnen mit dem Gefühl, von Gott nach Schopflohe geführt worden zu sein. Die Gemeinde zeigte sich sehr dankbar und aufgeschlossen. Obwohl die Leute Bayern waren und ich gewissermaßen als Preuße in ihrer Mitte wohnte – in allen Häusern des Dorfes begegnete man mir mit beglückender Freundlichkeit. Den Evangelischen, die nur ein Viertel der Dorfgemeinschaft ausmachten, standen drei Viertel Katholiken gegenüber. Die im politischen Gemeindebezirk wohnenden evangelischen Flüchtlinge waren an Zahl der Schopfloher Stammgemeinde fast gleich. Den evangelischen Flüchtlingen galt meine besondere Aufmerksamkeit. Außer in Schopflohe hatte ich an drei verschiedenen Stellen – z.T. bis eineinviertel Stunden entfernt kirchlichen Unterricht zu erteilen und an den Sonntagen noch einen zweiten Gottesdienst in katholischen Schulräumen zu halten.

In der Gemeinde Minderoffingen bot mir der katholische Pfarrer seine Kirche zur Benutzung an. Einmal habe ich davon Gebrauch gemacht. Da Leute flüchtig die Kirche besichtigten und die Kinder durch den Prunk der Kirche nicht aufmerksam genug waren, gingen wir, mit Zustimmung der evangelischen Erwachsenen, in die Schule. In ihr konnten wir uns pünktlich versammeln und konnten ungestört feiern. Da die Katholiken in ihrer Kirche mit Recht die Priorität hatten, hätte es uns auf die Dauer nicht gefallen, in die Unpünktlichkeit gedrängt zu werden.

Seit Jahresschluß 1945 hatte ich mit den Meinen Verbindung durch die Post; pünktlich, aber auch unpünktlich trafen die Briefe ein.

Mir ging es in Schopflohe gut. Die Gemeindeglieder halfen mir auf allerlei Weise. Dagegen fehlte es in Thüringen sehr an der ausreichenden Verpflegung, auch an Stärkungsmitteln für unsere Tochter. Die beiden Kinder Annemarie und Joachim wetteiferten, im Wald vieles zu sammeln, was zur Ernährung half. Liebesgaben, die je und dann in Berlin verteilt wurden, konnten unmöglich den weiten Weg nach Thüringen machen, um auch den Meinen wirtschaftlich etwas zu helfen. Es wurde mir klar, weshalb der liebe Gott mich hatte nach Schopflohe gehen lassen. Ich sollte von dort aus den Meinen im Osten zur Seite stehen. So manches Päckchen konnte dorthin geschickt werden.

Wenn ich einen anderen Weg gehen mußte, als den, den ich mir einst gewünscht hatte, so wurde doch das Verlangen immer brennender, meine Frau bei mir zu haben. Es hatte vieler Schreibereien – noch mehr in Thüringen – bedurft, bis meine Frau endlich Erlaubnis erhielt, nach Bayern abreisen zu können. Nach recht kümmerlicher Fahrt konnte ich sie in Bebra in Empfang nehmen. Eine gewisse Vornehmheit konnte der Fahrt nicht abgesprochen werden. Etwa bis Eisenach fuhr meine Frau zweiter Klasse, sie konnte aber nur auf den Sprungfedern der Sitze hocken, denn die guten Überzüge von früher fehlten. Das letzte Stück der Reise bis Bebra legte sie im Viehwagen zurück. Wie schlank war sie geworden, mit Leichtigkeit konnte ich sie aus dem hohen Wagen heben. Die Fürsorge der Russen ging sogar so weit, daß meine Frau nach der Übergabe an mich noch entlaust wurde, d.h. aus einem Gummiball wurde ihr ein Pulver in den Busen geblasen. Dafür, daß ich sie wieder hatte, habe ich gern die Entlausungsgebühr von 2,00 DM bezahlt. Meine Frau merkte bald auf Schritt und Tritt die andere Luft, die hinter Bebra wehte. Ihr kleines Besitztum war ihr auf der Fahrt erhalten geblieben, es ist auch in Schopflohe gut angekommen.

Am 22. Juli, am Tage des 68. Geburtstages meiner Frau, hielten wir in Schopflohe Einzug. Es folgten schöne Jahre gemeinsamen Wirkens in und mit der Gemeinde. Wir gingen oft durch die Häuser und nahmen in guten und schlimmen Tagen Anteil am Leben der Einzelnen. Eine Kirchenvisitation habe ich in Schopflohe erlebt, bei der ich die Predigt und Katechese hielt. In den Visitationsbericht schrieb der Dekan hinein: »Er hat bei Luther gelernt«.

Eine besondere Freude wurde uns geschenkt, als unsere beiden Enkelkinder Annemarie und Joachim uns besuchten. Wir durchstreiften vergnügt die Gegend, fuhren nach Dinkelsbühl, zeigten ihnen die Kinderzeche und wanderten auch nach Zwernberg und Weidelbach. Überall waren wir auf liebe Menschen gestoßen, die uns freudig aufnahmen.

Es waren Bemühungen im Gange, den Kindern einen Erholungsaufenthalt in der Schweiz zu vermitteln. Sie kamen dann auch zu einer lieben Bauernfamilie und gewannen schnell die Herzen aller.

Ein Vierteljahr lang sollten sie in der Schweiz bleiben, aber ein halbes Jahr ist es geworden. Dann kamen sie zu uns nach Schopflohe zurück. Ich wollte sie persönlich den Eltern zuführen und dabei unseren vor Wochen aus russischer Gefangenschaft zurückgekehrten Schwiegersohn begrüßen. Er war krank aus dem Osten heimgekommen und bedurfte der Erholung. Seinen Kindern wollte er die Freude in der Schweiz nicht stören, obwohl er sich auch nach ihnen sehnte.

Meine Reise, die nach Thüringen gehen sollte, endete am Schlagbaum in Probstzella. Weil mein Ausweispapier einen angeblichen, jedoch willkürlich gesuchten, Formfehler enthielt, wurde mir die Weiterreise nicht gestattet. Karl durfte wenigstens seine Kinder herzen und ohne Prüfung ihrer Sachen mit ihnen heimziehen. Wir selbst konnten uns nur aus der Ferne zuwinken. Mein Schwiegersohn ließ nicht locker, er redete einen Soldaten russisch an, einen Augenblick standen wir an der Sperre, zwischen uns den Schlagbaum und reichten uns die Hände. Mit seinen Kindern zog er ab, während ich nach der anderen Richtung meinen Weg suchte.

Jahre der Ruhe und des Schreibens

In der Wartung meines Dienstes in Schopflohe erlebte ich meinen 70. Geburtstag. Unter dem 29. April 1950 teilte mir der Oberkirchenrat mit, daß das 70. Lebensjahr das Jahr der Niederlegung des Amtes sei. Er rechnete aber mit der Möglichkeit, daß ich vielleicht bereit sein könnte, weiter in der Gemeinde zu bleiben und schloss mit den Worten: »Wir sind Ihnen dankbar, wenn Sie die Gemeinde, in der Sie stehen, noch weiter versorgen können, zumal es uns kaum möglich wäre, falls Sie den Dienst niederlegen, so kleine Gemeinden wieder hauptamtlich zu besetzen«.

Trotz des freundlichen Entgegenkommens entschloss ich mich doch, das Pfarramt am 1. April 1951 aufzugeben. Ich wollte die Gemeinde nicht mit einem kopfwackelnden Pfarrer in den kommenden Jahren belasten und den Unwillen der Gemeinde hervorrufen. Den Schopflohern wollte das nicht gefallen, nachdem der Landeskirchenrat in München sich so freundlich geäußert und mein Bleiben gewissermaßen gewünscht hatte. Ich mußte aber auf dem Vorsatz fortzugehen beharren. In meinem Plan lag der Wunsch, aus meinen Missionserfahrungen noch manches zu Papier zu bringen. Dazu war Ruhe und Muße nötig; neben der pfarramtlichen Arbeit fehlte mir die Zeit, den Missionsdingen nachzugehen.

Das Wohl der Gemeinde Schopflohe lag mir in den kommenden Tagen sehr am Herzen. Weil es eine nur kleine Gemeinde war, waren die Aussichten gering, einen Pfarrer zu bekommen. Es handelte sich aber um eine Diaspora-Gemeinde, die sehr isoliert stand und von anderen Gemeinden aus nicht leicht zu bedienen war. In einem ausführlichen Bericht habe ich beim evangelischen-lutherischen Landeskirchenrat in München die gefahrvolle Lage der Gemeinde und die Notwendigkeit der Besetzung herausgestellt. Schopflohe bekam nach meinem Fortgang einen schlesischen Pfarrer.

Der Herr Dekan war mir bei meinem Gang in den Ruhestand ein sehr freundlicher Helfer. Er half mir beim Suchen einer Wohnung, die ich in Veitsweiler bekam. Beim Landeskirchenrat in München setzte er sich für mich freundlich ein, daß die Räume, die wir bewohnen sollten, einer gründlichen Renovierung unterzogen wurden. Viele Jahre zuvor war Veitsweiler eine selbständige Gemeinde. Weil sie zu klein war, wurde sie der größeren Gemeinde Frankenhofen angegliedert. Mit den Gliedern der Gemeinde Veitsweiler kamen wir schnell zu einem guten Verhältnis, sie hielten treue Nachbarschaft mit uns. Der Ort wurde für mich zu einem Patmos, in Ruhe konnte ich meinen Schreibarbeiten nachgehen.

Seit unserer Vertreibung aus Ostafrika waren neun Jahre verflossen. Die Trennung vom Bena-Land war gründlich, sie war noch dadurch vertieft worden, daß jeder Briefwechsel unter Zensur stand. 1948 machte ich die ersten tastenden Versuche, eine Verbindung herzustellen, sie kam zuerst mit meinem Freund Ananidze Kgungu zustande. Es entwickelte sich daraus ein Briefwechsel mit vielen anderen.

Ananidzes Antwort auf den ersten Brief lautete übersetzt: »Mein Vater, ooh, heute bin ich wie ein Mensch, vor dem sich ein Neuland auftut. Das hat Dein Brief bewirkt, den ich gestern erhielt. Die ganze Nacht habe ich wach gelegen. Eure Namen und Eure Personen, dazu Euer Wirken waren in meiner Erinnerung. Es wogte in mir auf und nieder. In dieser Stunde in der ich Deinen Brief lese, sehe ich an der Wand Euer Bild, das Dich, Deine Frau, Deine Kinder und Enkelkinder zeigt. Alles wirkt so lebendig, wir sind gleichsam Menschen, die sich von Mund zu Mund unterhalten. Ich lese Deine Worte, als hättest Du sie zu mir gesprochen. Mein Freund, wenn ich heute abscheiden müsste, dann würde ich mit klarem Gemüt sterben, weil ich in Deinem Brief die waltende Gnade Gottes erkennen durfte. In verflossenen Tagen hat sich mir oft die Frage aufgedrängt: Wo mag nur unser Freund sein? Heute, wo ich Deinen Brief in meinen Händen halte, spreche ich: Die Nacht ist dahin! Mir hat eine Sonne Licht gebracht! Die Kälte hat mich verlassen. In mir ist eine Freudenfülle, die alles zudeckt, was mich innerlich und äusserlich bewegt hat. An dem heutigen Tage erfüllt mich Freude Dir in Deinem Brief begegnet zu sein«.

In den Briefen wurden nicht bloß Grußworte gewechselt, sie waren mir nicht die Hauptsache. Es war ein lebhafter Gedankenaustausch, eine anregende Unterhaltung mit meinen alten Freunden. Dabei beglückte mich besonders die herzliche Verbundenheit, die trotz des Eingriffs fremder Gewalten nicht erschüttert worden war. Das in den Briefen uns so greifbar entgegengebrachte Vertrauen unserer alten Freunde im Bena-Land hat zur Verschönerung unserer Alterstage beigetragen. Mit welcher dankbaren Freude sind anderseits von mir in Kibena abgefaßte Predigten, die ins Bena-Land gingen, aufgenommen worden.

Mit großer Freude habe ich zwei Jahre an der Agende für die Bena-Kirche gearbeitet. Die Arbeit kam auf der Grundlage Schumann´scher Ausführungen zustande. Diese Agende, 121 Seiten, ist in einhundert Exemplaren ins Bena-Land gegangen und ist bei schwarzen Pastoren im Gebrauch. Wenn die Agende im Bena-Land bearbeitet worden wäre, so hätte das Buch etwas anders ausgesehen. Die Satzperioden sind überaus klar und durchsichtig, sie hätten aber einer Zerlegung bedurft. Solche Umarbeitung hätte aber nur auf dem Missionsfeld vorgenommen werden können.

Nach dem Empfang der Agende schrieb Pastor Ananidze: »Nun ist aber etwas Grosses geschehen. Die Agende ist da. Der Dank gilt Deinem Schaffen in Deinen Altersjahren. Du hast Dich sehr anzustrengen gehabt, um nach den richtigen Buchstaben zu forschen. Mit Freude fühle ich mich innerlich und äusserlich überschüttet! Mein Vater, unser Bena-Geschlecht spricht: Dank sei Dir! Du hast es geschafft! Das

Buch erfreut auch das Auge, in seiner äusseren Fassung lockt es sehr. Der Herr wolle das Werk segnen, das Ihr für Eure Kinder in Afrika geschaffen habt«.

Von unserer Mission bekam ich den Auftrag, eine Grammatik der Bena-Sprache zu schreiben. Die Grundlage der Grammatik lag im Rohentwurf vor. Recht ernst habe ich mich mit der Arbeit befasst, um einem kommenden Bedürfnis zu entsprechen. Schließlich überzeugte ich mich, daß besonders die Bearbeitung der Syntax erhebliche Schwierigkeiten zeigen würde. Nur in persönlicher Fühlungsnahme mit Bena-Leuten hätte das Vorhaben gemeistert werden können. Als das Bedürfnis eintrat, Missionsschwestern eine Anleitung zur Spracherlernung zu geben, erhielt Karl Klaus von der Mission den Auftrag, das vorliegende Material zu überarbeiten und vervielfältigt abzuschreiben.

Karl war der gegebene Mann, dies zu tun. Die rohen sprachlichen Aufzeichnungen waren ihm einst eine Hilfe, in die Sprache der Bena hineinzukommen. Ein Exemplar ist von der Mission in Verwahrung genommen worden. Es mag zur Hilfe in kommenden Jahren dienen.

Schon 1954 hatte der Arzt Ananidze zu einer Operation, wegen eines Krebsleiden, geraten. Doch er sagte darüber: »Ich bin ein Afrikaner, ein solcher Eingriff geht gegen meine Wesensart. Wie soll die in meinem Körper vorzunehmende Unordnung wieder in Ordnung kommen? Ich will als Afrikaner, nach der Weise meiner Vorfahren ohne Operation, sterben. Wenn meine Krankheitsnot den Höhepunkt erreicht, werfe ich mich der Barmherzigkeit Gottes in die Arme, durch den Herrn Jesus Christus, der mein Heiland ist«.

Er kehrte nach Kidugala zurück und blieb in schmerzfreien Stunden voller Regsamkeit. Sein Pflichtbewußtsein gegen seine Stammesbrüder war ohne Grenzen. Er starb im Februar 1958 im Alter von etwa 63 Jahren.

Mag auch der Name Ananidze Kyungu im Wandel der Zeiten in der Erinnerung der Menschen verblassen, er wird dennoch in den ewigen Büchern Gottes unauslöschlich verzeichnet stehen. Besinnlich wird mancher an seinem Grabe erschienen sein, um ihm für erfahrenen Segen und Wegweisung zu danken. Es gibt aber auch Leute, denen es vergönnt war, Ananidze genau zu kennen und um die Echtheit seines Glaubens wissen. Wer die Freude hatte, einst mit ihm zu arbeiten, oder auf Missionsreisen mit ihm durchs schöne Bena-Land zu eilen und dabei seine fürsorgliche Treue erlebte, hatte die Möglichkeit zu begreifen, woher die Kräfte stammten, die diesen Mann formen mussten.

Ich schaue aus der Ferne nach dem ostafrikanischen Land hinüber und hätte gern an seinem Grab gestanden. Nichts hindert mich, über Länder und Meere hinweg, in Gedanken die ehrwürdige Stätte zu grüßen.

In Veitsweiler haben wir zwei schöne Jahre in Verbundenheit mit dieser Gemeinde verlebt. Es wurde meiner Frau aber immer schwerer den Haushalt aufrecht zu erhalten. Durch Hinfälligkeit versagten ihre Kräfte mehr und mehr. Es war nötig, einen Ausweg zu suchen. Wir fanden ihn in Windsheim im Kurhaus, in das uns die Hauseltern vorübergehend freundlich aufnahmen. Durch Verhandlung mit den Rummelsberger Anstalten wurden wir zu Dauergästen.

Es ist mir eine Freude, daß ich in den Turnus der Andachten für die große Kurhaus-Gemeinde eingeschaltet bin und gelegentlich nicht nur dort, sondern auch in den Gemeinden des Dekanatsbezirkes, Predigten halten kann.

Wir hoffen, daß es uns geschenkt wird, hier unseren Pilgerlauf zu beschließen.

Auf unsere Heimfahrt warten wir.

Zur Reihe COGNOSCERE HISTORIAS

Die Berichte von Missionaren christlicher Missionsgesellschaften aus Europa, die über ihr Leben, ihre Arbeit, ihr politisches Umfeld, über die für sie zumeist fremden Völker und Kulturen informierten, gehören zu den wichtigsten historischen Zeugnissen von Europäern über Außereuropa. Es ist gleichgültig, ob diese Beschreibungen in bereits gedruckter Form vorliegen oder in Archiven schlummern. Wenngleich viele dieser Reports subjektiv geprägt sind, oftmals von einem paternalistischen Standpunkt aus die für sie unbekannten Menschen und deren Handlungen, deren Kulturen und Traditionen und erst recht deren Glauben beschreiben, gehören diese missionarischen Schriften heute zu den wichtigsten Zeugnissen für das Verstehen der außereuropäischen Welt. Denn es handelt sich um eine bedeutende historische Quellenkategorie, die mit einem notwendigen kritischen Blick gelesen, viele Informationen vermitteln kann, die ein anderes Genre historischer Zeugnisse nicht aufweist, zumal die meisten Informationen aus der sogenannten vorkolonialen Zeit stammten oder den Kulturkontakt, was oftmals Unterwerfung unter ein Kolonialregime bedeutete, zumindest in einigen Aspekten dokumentierten.

Aus diesem Grunde erscheinen die nachgelassenen Aufzeichnungen von Heinrich Julius Oelke in der Buchreihe COGNOSCERE HISTORIAS. Denn sie gewähren einen Einblick in die Geschichte und Kultur Ostafrikas, jedoch auch in Leben und Gedanken eines deutschen Afrikamissionars. Seine bislang nicht publizierten Aufzeichnungen sind nicht nur eine spannende Lektüre für alle missionsgeschichtlich interessierten Leser, sondern sie stellen zugleich einen wichtigen wissenschafts- und kulturgeschichtlichen Beleg der Missions-, Mentalitäts-, Afrika- und selbst der Globalgeschichte dar.

Bislang im Familienbesitz befindlich, ist das Manuskript der Lebensbeschreibung des Missionars der Berliner Missionsgesellschaft nun einem breiten Leserkreis zugänglich. Es stellt einen wichtigen Grundstein für die Fortführung der Reihe COGNOSCERE HISTORIAS in dem diese nunmehr betreuenden Verlag, der Edition Falkenberg, dar.

Ulrich van der Heyden
Herausgeber der Reihe COGNOSCERE HISTORIAS
Berlin, Februar 2014

Über den Herausgeber

Ulrich van der Heyden, geb. 1954, Prof. Dr. phil. et Dr. rer. pol. habil. et PhD (Grahamstown/Südafrika), Privatdozent am Otto-Suhr-Institut für Politikwissenschaft an der Freien Universität Berlin und wissenschaftlicher Mitarbeiter am Seminar für Religions- und Missionswissenschaft sowie Ökumenik der Humboldt-Universität zu Berlin, Gastprofessor an der University of South Africa, Pretoria.

Als Afrika- und Kolonialhistoriker sowie Politikwissenschaftler mit dem Schwerpunkt Afrika ist er (Mit)Herausgeber von sieben wissenschaftlichen Buchreihen und Autor bzw. Herausgeber von mehr als 50 Monografien und 150 wissenschaftlichen Studien sowie zahlreichen populärwissenschaftlichen Aufsätzen.